准提法初级课程讲义

入学至第八旬学习内容

ASIAN CULTURE
PRESS

本书由美国 Asian Culture Press 出版

Published by Asian Culture Press

1942 Broadway, Suite 314C

Boulder, CO 80302, United States

Edited by Jane Wang（王咏苓）

Published in the United States of America

First paperback edition February 2022

本书 2023 年 2 月在美国第一次出版

contents 目录

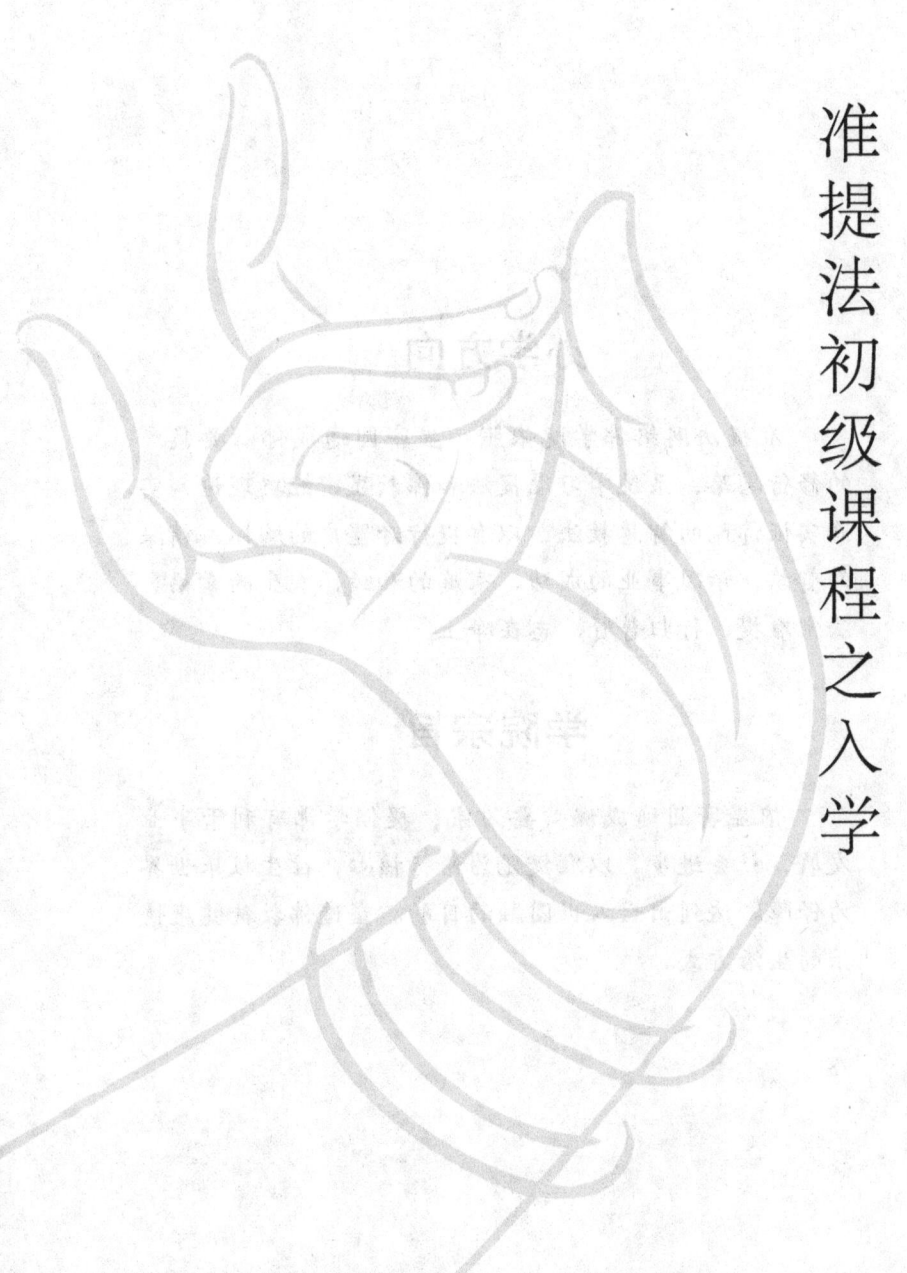

准提法初级课程之入学

办学方向

准提法网络佛学院依照《显密圆通成佛心要集》的修行思路，系统学习准提法和佛教显密经典理论，实修实证佛陀的智慧教法，以准提行者宽广的胸怀、精深的智慧，示现事业的成功、家庭的和睦、人生的幸福。法宗准提、行归普贤、志在净土。

学院宗旨

依显密圆通成佛心要为宗，提倡学佛有利于事业发展，社会进步。以准提咒为修行核心，往生极乐世界为保障。达到出世入世圆融的目的。塑造佛教徒健康快乐的生活方式。

准提行者的理念

主体词：修大净观，行大出家，破大无明
　　　审思推演即是缘起性空，计划目的就是觉知观照
　　　信佛愿、灭自傲即是真正的信仰

一、自我的业力渐灭，佛力不断显现于生命中。佛力的加持，都是从缘起上显现。反对神秘的超自然乱相。

二、重视佛母给予准提行者的家庭角色、职业角色，明了自己的生活目的。一切成功、财富、名利、快乐都是佛母的显现与自我努力的结果。佛力是种子，自力是水分，学习是养料，交流是阳光。

三、在对人生的幸福、事业的成就、理想的追求中，成就法身慧命。

四、提倡积极创造价值、努力推动发展的社会行为，反对一切掠夺、消极、反动。

五、人生有不断发展的目标，每天有明确的生活目的；不仅要觉知当下破除小无明，更要觉知人生破除大无明；反对随遇而安，放浪人生的思想。

六、生起对弥陀的绝对信心，心怀临终往生极乐世界的大出家思想，不提倡以逃避现世责任为真正目的的小出家。

七、克服自我业力下的情绪，有计划、有目的、有推演、冷静无情地权衡利弊、规范行为。

八、对技术手段要理性的学习与思考，并设计最佳策略；讲究实事求是，有条理、有节制地对经营活动理性化、程序化。

九、于准提法修行绝对不参杂：以阿弥陀佛为归依，以准提菩萨为现依，一心一意。于其他宗派修行方法，在通达本宗后，可以依"佛学"研究的角度形式而学习、参考，亦可取有用技术部分加以纯化利用。

十、在往生极乐净土之前，心怀大净观的理念，努力把自己生活的家园，创造成美丽富饶和平的人间净土。

准提弟子的人生观

人生改善、后世增胜、生死解脱、法界圆明
——总依《心要》及太虚法师思想来规范准提弟子的价值观、职业观、人生观

一、人生改善

一般对佛教的人生改善的理解，是指人民五戒、轮王十善之教化，是指人与大环境要和谐发展。这一点与现在社会科学及儒道思想是相通的，即人间净土、大同社会的建立。然而就佛教信仰者个体而言，人生的改善、事业的成功、家庭的幸福，才能显现学佛效果。所以学佛者的人生主题，就应该是自身福智的增长，家庭环境的改善，事业上的进步。

从快乐的人生来讲，"快乐"本来是无自性的，我们再有钱，也不能保证我们一定快乐。但是有钱了，才可能让家人和朋友快乐。当我们的家人和朋友快乐时，我们才能真正地快乐起来。我们的心，就是一面镜子，照到的是别人的心情。如果一个人修到家人都痛苦到极点，他自己还能怡然自得的话，那他也不配称作佛教徒了。钱从哪里来？是别人给的，别人为什么会给我们钱？因为我们这里有价值、有他所需要的东西、智慧或者汗水（如果你有智慧付出你的智慧，如

果没有智慧付出你的汗水，如果没有智慧也没有汗水，那快乐将离开你）。快乐的前提，是我们被社会所需要，因为我们具备了智慧、能力等力量。而且这种智慧与能力还要与时俱进，还要不断修行，修正自己的行为。所以人生改变的起点，是我们自身要具足，具足被环境所需要的要素。随着我们自身具备要素的不断增加，社会就可能会从我们身上得到更多的付出，同时我们也会得到社会回报给我们需要的东西。这是可以给家人带来幸福的基础，也是我们的人生会因此而改变的内因。上述这些观点都是世人的共识！佛教对上述认识的不共处，在于认为每个人的福报不同，也就是起点不同，以及每个人的种子多少有区别。

通过五戒十善之法，来改变自身福报是依自力之法；而通过持准提咒，来改变自己的命运福报，是依佛之不可思议他力的殊胜之法。

什么是福报？福报就是田地里的种子。而我们的智慧、人气、能力就是阳光、空气和水分。阳光智慧需要学习，人气人脉之氧气需要交流互助，能力水分需要锻炼与挖掘。这就是人生成功的外缘。内因就是在前世福报的基础上，信准提菩萨之愿力可以改变我们的人生福报。

因：咒力使福报增加，

缘：智慧、人气、能力

　　学习、交流、锻炼

一个人要被别人所需要，并具备为他人服务的能力，之后通过付出获取收获，有了这样的认识后，我们只要每天踏踏实实的持咒、学习、交际、锻炼，不要想得太多，结果自然就会出现。你会不断地向目标前进，成为企业的中坚、行业的带头人、技术的能手、管理层的精英、白领中的骨干。这时，你才可以宣称自己是个佛教徒。我的人生改变了，因为佛教告诉我，因果是法规，因缘是方法，我相信一分汗水一分收获，佛力之大，不可思议，准提菩萨的大愿必定加持我，使我的人生色彩斑斓。

二、后世增胜

过去大多数信佛的人，多希望后世有所依报，这当然是对的。但在方法上，却多倾向于对现世的消极回避。比如说：山中无衲子，朝中无宰相。好像不出世不节俭，就不能积累福报。而准提弟子则采取另一种态度，这也符合我佛因缘法则：就是在现实工作中、社会中创造更多的价值。因为付出得多而现世收获少的话，二者相差部分必定就是未来的福德，也就是后世增胜之所在。所以，准提弟子，必须依此树立自己的正确职业观，任劳任怨地工作和学习。这不是要把职业神圣化，而是因为我们相信因果法则，相信佛教的理论核心：缘起法则。有些佛教弟子，在单位上，不好好工作，或挑肥拣瘦，或用工作时间念佛跑香。其付出少于自己的薪水工资，不仅背上因果业债，还给佛教声誉带来恶劣影响，这与行窃者有何区别？难道偷个人的是偷，盗公共财产的就不是窃？就没有因果吗？

三、生死解脱、法界圆明：唯仗佛力，往生极乐净土。

关于这一点在《准提法开示集》和《遇缘解脱》中已详尽说明，也就是依普贤行愿对于净土的回归，阿弥陀佛所讲的48愿，可以自然具备法界圆明的功德。在此问题上，准提弟子要具信、慧、悲之德。

（一）信，信佛力不仅是临终生死的依托，而且也是改变现世命运的源泉。所以养成时时持咒，请准提佛母加持我们的每一件事情的习惯，很重要！这与单一的持五戒十善是不同的。末法时代，五戒十善似易实难，唯有佛力不可思议。净土宗依靠佛力转临终转来世，现在我们加上一条，还要依靠佛力转现世。

（二）智，就是前面说的：智慧、人气、能力，以信为因，以智为缘，以其信智还报他人，即是大悲之心。而我们提倡的慈悲，首先应先施与家人。

（三）悲，其实，我是反对"慈悲"这个高高在上的概念，应该换，换成"爱和感恩"。没有周围环境的支持就没有个人的成功，所以我们首先应该爱家人，这是第一步。在此基础上，再爱，爱他人、社会，才符合感恩之道。每因看到佛教徒爱他人过于爱亲人，爱动物过于爱人类而语塞。既然把生死交给了佛，那我们就把精力用在人生的改善、现世果报的成就上，放在家庭的幸福和事业的成功上。我们这群准提行者，求现世的福报，表面看似乎是小乘法，其实不然，我们走的是"似小乘而实为大乘"之路。这种大乘修法，是建立在纯信缘起，深信佛力不可思议基础上的。人与家庭，一个是社会的元素，一个是国家的元素。而作为佛教群体，如果个人和家庭都快乐幸福，都在社会中有地位、受尊重，那么佛教在社会中必然有地位、受尊重，而被国家社会所接受。并且个体家庭的富足，还是国家的发展基因。这种不扬而自显的佛教才是真正的大乘佛教。而当今所谓大乘之行，行的实是小乘行径，早被太虚大师所贬斥。既然是佛教，当然信佛力的不可思议，完全仗佛力而解脱生死。

相信我们持准提咒可以净化入世的行为，改变自己的命运。显然，准提行者的人生不回避名利欲望，是因为我们身处五浊恶世中，说自己没有欲望，几乎做不到。不要回避！既然去除不掉，就依佛力满足它，仗准提法的佛力不可思议和自己对缘起性空的真正实行去解决这个问题，使个人获得幸福，佛教的教化才算成功。因此，每个人都应该努力追求幸福的人生。愿每个人都能幸福！

结论：人间佛教、人生佛教之路很多，然而末法时期共业缠缚，往生唯依五戒十善的弥勒净土并非易事。而处在当今，趋于不深信佛力、避世念佛的小乘净土法门竟已成风气的环境下，唯有仗佛力改变人生、改变命运及唯仗佛力而解脱生死的准提法，才是中国佛教徒居士群体入世修行的灵丹妙药。

问曰：诸佛本意令断贪嗔等，何却令人起贪心求世事名利耶。——
选自《显密圆通成佛心要集》（以下简称《心要》或《心要集》）

答云：诸佛有不思议度生方便，谓有众生不肯直求菩提，且随其所
乐令持咒求之。由神咒不思议力，所求之事尽得遂心，一切
罪业亦得消灭，自然超凡入圣。如小儿有病不肯服药，被有
智医人涂在母乳，其小儿本食母乳，不觉服着良药除却病
苦。故羂索心咒经云，若有众生设以谄曲，为求富贵名利等
得闻此咒，彼诸众生生生处处，成就智慧福聚之香。神变疏
云，真言境界，十地菩萨尚非其境，况生死中人乎。

准提圆咒特点

第一条　解行和合：依显教，须得依教生信，依信生解，依解起行，行成得果。今准提咒不令生解，但持诵之便得道果。

我们不知道如何制造汽车，但我们只要会开汽车，就会达到我们的目的地。

生活中，或是在你以往的经历中，有没有什么事情，你不知道它的原理，但是你相信老师和朋友的话，你按照他们的话去做了，就有了很大的收获。

比如去买电脑时，我并不了解电脑的型号和配置，但是我相信我的电脑通朋友，他让我买什么型号，我就照做了。结果买回来之后，电脑真的很好用。

在这个思维模式下，大家就能站在佛教的角度，对准提咒的第一条特点自然而然的理解了。也对什么是果乘法，如何从世间法的理论去理解起到很大的帮助。

坐飞机的人不一定会开飞机，开飞机的人，不一定会制造飞机。

第二条　入世圆融：在世间的名利富贵追求中，圆满自己的法身慧命，因持诵准提咒所求之事尽得遂心，一切罪业亦得消灭，自然超凡入圣。

思考：假如一个人为了圆满自己的世间愿望，念了三百万准提咒，那么这三百万准提咒除了会给他带来世间的功德，会不会给他带来出世间的功德呢？

换句话说，假如他已经念了三百万准提咒，他所求的世间事因其因缘福报不具足而未能实现，那么即使这样，他已经念诵的三百万准提咒是否包含出世间法的功德呢？

第三条　易修易成：没有戒律的门槛，准提不拣染净得持诵故，不问在家出家饮酒食肉有妻子等皆持诵，不同余咒须要持戒方得诵习。

思考：假如你已经成佛了，现在你想有个利益众生的真言和修行方法，你将如何来设定具体修行的戒律或者规范，设定什么样的人可以修，什么样的人不可以修？

如果你成佛了，你将如何来规定？设定这样的门槛，你认为会给众生带来哪些好处？与其他佛设立的门槛有哪些不同？

第四条　无需传承：此法广传普传，依经依本念颂即可，佛母自然加持，修持人与佛母之间不需要中间的司法传承者或灵媒。不同余宗只有依上师可学，而准提法人人可修，人人可传。

思考：准提咒依经典经本传承，而非按照过去的师承制。道大师的准提法的这个特点，我们在《心要集》中的哪一部分或者哪一句话能找到依据？

依经典依经本来传承准提法，和依靠一个人一个人的来传承准提法，这两种传承有哪些不同？两者各有哪些优缺点？

为什么依《显密圆通成佛心要集》这本经典来传承准提法，更加能保证道大师的准提法的纯正性？

第五条　诸咒总持：准提咒，总含一切诸真言故，一切真言，不能含准提，如大海能摄百川，百川不摄大海。修习准提一咒，所有的咒的功德体用全部可得，如如意宝，随心所用。并可以和任何一法同修而无障碍。

思考：准提咒的这个特点与现代人有哪些相吻合的地方？会给我们现在的生活带来哪些益处？

准提咒诸咒总持的特点，给我们入世修行带来哪些好处？

如果每个咒语我们都要学的话，一个咒语就需要一个传承，就需要找到一个老师去学习，那每个老师都需要考察，从考察到学习诸咒，会花费很多的精力和时间。首先需要考察老师，你如何去考察老师，考察也需要时间。这在现代社会是很难实现的。因此，准提咒诸咒总持的特点，是最适合与现代世间法相结合的。

思考：在没有时间和智慧来考察传法上师如何的情况下，那你如何来学习佛法，让佛法对自己的生活和出世入世起到很好的作用？

第六条　坛法易办：若求息灾息病、增财增慧、怀爱聚人、破除障碍而做坛法，但以一新镜，未曾用者，便是坛法。

思考：你认为准提菩萨把准提坛法简化到如此简单易行，这里面包含了哪些悲心，对我们众生有哪些悲心和益处？

阅读资料：

《了凡四训》《准提法开示集》

855祈请文（一）

稽首皈依苏悉地 头面顶礼七俱胝

我今称赞大准提 惟愿慈悲垂加护

佛母啊，请加持于我（我的家人朋友）（我们）

佛母啊，请呵护于我（我的家人朋友）（我们）

佛母啊，请恩赐于我（我的家人朋友）（我们）

佛母啊，请让我（我的家人朋友）（我们）生命重生

佛母啊，愿此缘起显现

855祈请文（二）

稽首皈依苏悉地 头面顶礼七俱胝

我今称赞大准提 惟愿慈悲垂加护

佛母啊！请给我加持——

智慧、福报、荣耀

呵护我的生命

接受您，佛母

您的恩赐

您给予我新生命

我会用这新的生命

以及您赐予的力量、信念

来完成您的事业

成就您的心愿！

732 – 高七师三十二句晨诵

1. 我会不断的总结经验和广泛学习知识

2. 解决问题时会有更多的方法和多条道路

3. 突破是否对错的二元判断

4. 对周围的所有现象保持兴趣

5. 把问题放在不同的系统中来思考

6. 把其他领域的新技能、新话题、新内容纳入自己的系统中

7. 从新出现的现象中，推断发展的可能性

8. 在新事物和不可知的未来中有勇力继续前进、自信一切可以被了知和把握

9. 以真诚的方式呈现自己、不扭曲自己的情感

10. 不因威胁、挑战、困难、痛苦而退缩

11. 持之以恒，善始善终

12. 用热情拥抱生活

13. 帮助人成为他人的朋友，做有益于他人的事，不计算所得

14. 与他人保持联系，关注他人感觉、情绪、状况

15. 留意自己和他人的动机

16. 成功是努力的结果，并不是运气，平时的努力让我们拥有较高的能力

17. 失败不是缺乏能力、不是运气不好，而是缺乏努力

18. 公平公正的对待所有人

19. 思考团队发展的未来和步骤

20. 挖掘每个人的长处，帮助别人学有所用

21. 作为团队的一员清楚自己的角色和责任

22. 做力所不能及的事情会伤害自己也给别人带来风险

23. 容忍别人有过错，但不忽视错误

24. 允许他人自我歌功颂德

25. 小心选择，不说不做将来会后悔的事

26. 用健康的方式调节自己的感觉和情绪

27. 欣赏一切美的事物，赞叹卓越与才能

28. 感恩于人物事，怀感恩之心待人

29. 期待最佳结果，并努力工作以求实现

30. 爱笑与开玩笑，将微笑带给他人

31. 以自嘲来解决尴尬

32. 对自己的信仰坚定不移，并整合其他的信仰于自己的体系中

入学考试题

（一）选择题

1.佛陀是2000多年前出生在____国家的人.

A中国　B印度　C缅甸　D美国　E日本

2.你对学佛感兴趣，是为了___.

A改变命运　B莫名的兴趣　C探索真理　D帮助他人

3.佛教是否认为有永恒不变的事物____.

A有　B没有　C不一定

4.世界中任何现象，都是有条件的，这种相对性叫____.

A缘起　B因果　C因缘果　D物质不灭

5.迷信是指_____.

A本来没有的认为有 B本来有的认为无　C只固执看到事物某一面

6.正信是指_____.

A依经典不依人 B不执着文字语言，而要体会文字语言的道理

C依理智不依感情 D依与真性本心相应的道理

7.西方极乐世界存在吗？_____.

A存在 B不存在 C只是在心中存在 D你认为存在才存在

8.佛教所说的业报是怎么计算的呢？选择_____

A善行招致善报，恶行招致恶报，两者互不抵消

B善行能弥补恶行的罪孽而减少恶报，可以通过行善来减少自己以往的罪孽

C这不是简单的线性关系，每种行为的本身多有复杂的因缘，善恶的本身也可转化。

9.自虐式的精神痛苦（比如强迫症、社交恐惧、内向、责任感沉重），把自己渺小化，带着莫名的罪恶感的包袱生活在对权威、神灵、偶像等等的敬畏和恐惧之中，这些"自找麻烦"式的痛苦会增加自己的善报吗？是可取的吗？_____

A会，可取 B不会，不可取

10.云谷禅师传授给袁了凡准提咒的作用原理_____

A静心＋灵动（画符） B不静心＋持咒

C不静心＋持咒 过渡到 静心＋灵动（画符）

11.袁了凡在战争中领兵打仗，是不是杀人杀业？_____

A是杀业 B不是杀业

12.《了凡四训》中，袁了凡改变命运的主要因素？_____

A行善 B持准提咒 C行善和持准提咒不可分

（二）请阅读资料两遍以上，并回答下面的问题

（答案都在提供的资料中，在学院网址https://www.facebook.com/deming.gao.10；https://youtube.com/channel/UClWEamcZh82scNy-Imre-bA，中查找，最好是用自己的语言来回答。）

1.准提法网络佛学院的宗旨是什么？

2.准提咒有哪六个特点？

3.修行人给家人带来快乐重不重要？

4.为什么为社会创造价值，才是真正的相信因果？

5.什么是大净观？什么是大出家？什么是大无明？

6.为何准提法提倡人们"追求世事名利"？

7.简述发愿临终往生极乐世界的重要性？

（三）思考题（可以不做，但做了可以加分）

1.袁了凡在战争中领兵打仗，是不是杀人杀业？如何理解袁了凡带兵打仗与行善的关系？

2.袁了凡的持咒仪轨是什么？你能在网页中找到吗？它与《显密圆通成佛心要集》有何关系？

3.袁了凡认为善恶的标准是什么？

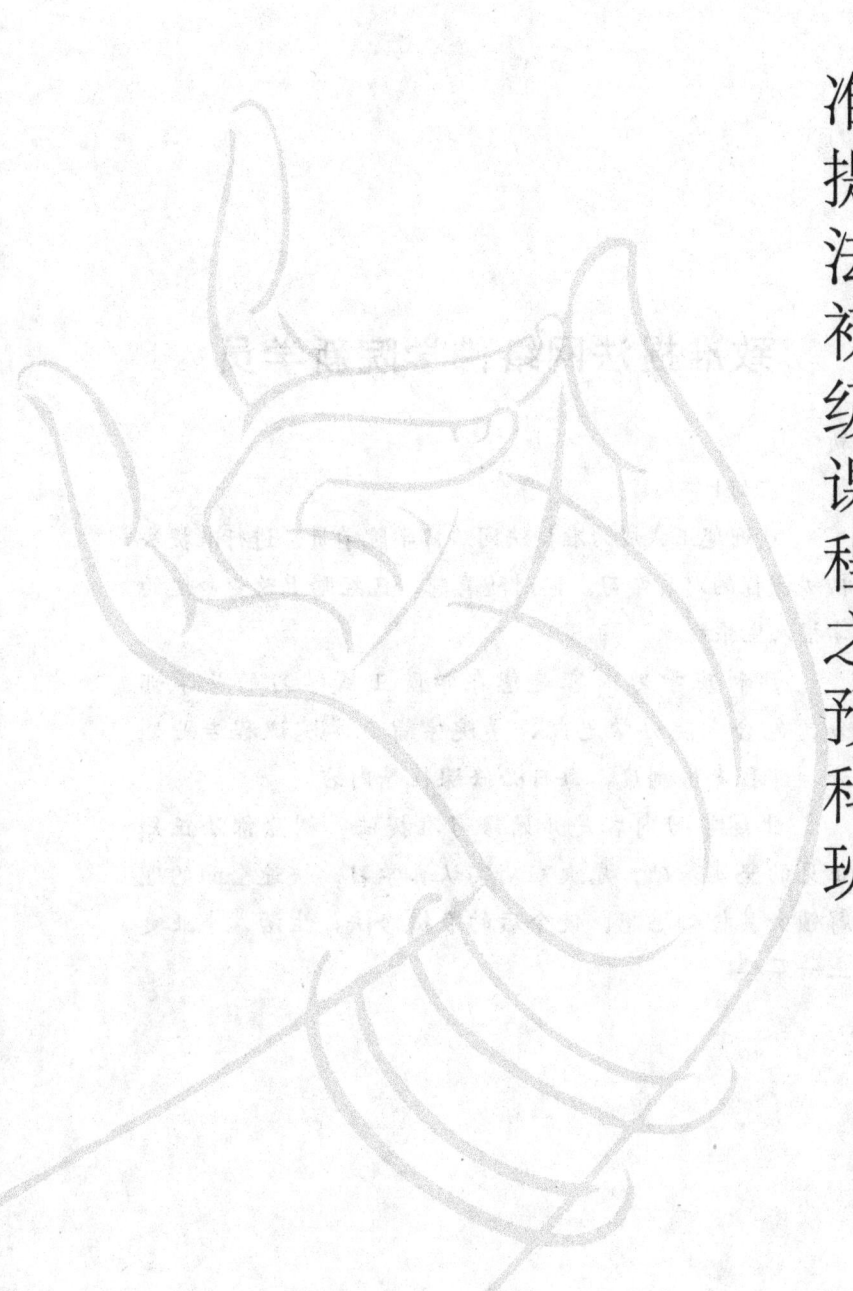

准提法初级课程之预科班

致准提法网络佛学院新学员

新学员：

　　您好！

　　欢迎您正式成为准提法网络佛学院学员，进行准提法初级课程的内容学习。同时随喜您，已经踏上改变命运的幸福人生旅程。

　　预科班学习内容是您在学院正式学习的导学部分，包含学院办学思想、学院宗旨、学院课程专业划分、课程考核制度、每日必修课程等内容。

　　上述学习内容是开始修习准提法，树立佛法正知正见的坚实基础，愿大家踏实认真学习，快速全面的理解领会其核心思想，使今后的准提修法、生活、事业更上一层楼。

准提法网络佛学院创办贺词

今天是2008年1月1日，我们准提法网络佛学院开始第一天的教学。

首先随喜大家以往的善行功德，修持成就。

嗡折隶主隶准提祝大家新的一年里，身体健康，所求随心梭哈。

祝愿佛学院：长燃心要之灯，恒照愚冥之路。

祝愿各位同学：内凭咒力，外感佛恩。自他俱利，福慧同增。名利俱得，显密圆融。

祝愿我们的社会，在新的一年里，家庭和谐，社会安定，佛日高悬。

学习方式

学习内容全部免费。

一、大家可以在国内外网络自行搜索学习，网址：https://www.facebook.com/deming.gao.10；https://youtube.com/channel/UClWEamcZh82scNy-Imre-bA；亚马逊或其他国内外平台购买出版的系列书籍，详情见附录九。

二、可以前往高七师传承的显密圆通成佛心要体系准提法的寺院面授。

电话：0086-18610612701；0086-14715016514；

00852-65996514。

准提法网络佛学院的办学思想

一、系统学习佛教知识和各宗派理论，提倡"行持任在一门深入，信解则应圆通无碍"的思想方法。

改变过去零散无序的修学方法，与单经单论地自学方式相比，要节约时间。否则大小乘混淆、唯识净土不分地学习，可能造成思想上的混乱。现在有些学佛者，流行什么学什么，没有纵观佛教各体系的相互关系，杂乱胡学是学不好的。我们虽然提倡以准提咒为核心，但仍需全面了解佛教的显密基础（即信解的广泛圆通），才能更好地一门深入。学院初级班学制三个月，中级班两年。整个教学看似时间长，实际上，这是通过系统优化迭加设计而成的，无论是效率效果，都经得起实践检验。

二、由浅入深的学习《显密圆通成佛心要集》

《显密圆通成佛心要集》是三藏的精华，学准提法的必读书；讲解和学习《心要》，是我们办学的主要内容。所以初、中、高级班的所有学习和修行都是围绕《心要》进行的。

三、结合时代特点，建立专业化队伍，提高修行的精深度和加快修行进度，重视学以致用。

居士学佛，应该有明确的目标；这样才能集中自己的精力，把有限的时间用在最需要的地方。事业师、咒师、教授师三个专业的划分，既符合当代特点，其实质也与道大师时期的修行精髓一致。

四、具有段位考核制度

学员可以明确地知道自己当前的修学状态，了解下一步的努力方向，激励自己修学的兴趣。防止"学佛一年，佛在眼前，学佛三年，佛在天边"这种传统居士学佛的弊端，把过去修学进步估测模糊，变成段位制的明确评定。各个科目均有明确的教学目标和考核目标。

五、建立师长制

高段位的学员，要承担起对低段位学员的学习、成长的辅导责任，形成教学相长的学习氛围。相互帮助、相互督促。

六、各个专业之间形成团队

例如家庭参加学习，可以夫妻二人很好地分工，丈夫报事业师，妻子报咒师，这样可以形成咒师和事业师的自然团体。作为事业师，要鼓励家里人来学习准提咒为自己回向，这样自己受益的同时，也在度化他们。

非家庭成员，学院的四段以上的咒师专业学员，都可以给事业师和教授师回向，咒师和教授师的度人和自修同样得到事业师的帮助。准提法的光大还是要依靠事业师的显现，因此事业师要努力学好新五明，创业度人。

专业之间有分工有合作。当然你可以同时报两个以上专业（如果你的精力和时间足够的话）。在初级班，专业的内容区别还不是很大。

七、建立依《显密圆通成佛心要集》为标准的评价体系

提倡准提法修学的系统化、标准化。依照道大师的思想来规范准提法中出现的流变问题和自宗、他宗的不同观点，减少因没有判断标准而产生的无意义辩论。

八、以准提咒修学为核心，具有居士佛学院的真正含义

九、教材经过科学筛选

可以减少学员网络查找时间，避免二手资料造成的影响，依靠北大、人大的佛教图书馆，为学员提供原本和孤本佛学资料。全部经过网络化方式，减少学习成本。

十、教学和研究一体化

从事辽代佛教的研究工作，在北京大学高校成立"显密圆通读书

会"，积极领导和参与居士佛教和佛教发展的理论论证科研项目。

十一、师资力量高层次

各科目都聘请高层次的教授和专家来指导。既有多名准提法修持几十年的佛教行者和各宗派的大德，也有北京大学、人民大学哲学系的教授和博士。事业师的课程，还有企事业的董事长参与教学，达到教内与学术界的合理搭配。

十二、佛教的新气象

不仅学习佛教内容，还要学习新五明。涉及心理学、管理学、社会学、组织行为学的实用精华、理论方法。并可为事业师量身打造个人发展、人生事业设计规划，还将每年组织一次在道大师的道场、准提法的发源地小五台金河寺旅游闭关。

准提法网络佛学院教学
三级九段位制度

近年来，准提法网络佛学院在准提法的理论教学与实修的研学发展中，从未停下脚步。2013年，学院经过五年的教学实施，为科学地提高学院师生的修学，让学习准提法的学员清晰明了自身修学的阶段，以及下一步努力的方向，对自身起到督促和鞭策作用，重新全面地修订并完善了准提法修学的三级九段位制度。

准提法网络佛学院作为全球最大的居士佛学院，自创建之日起，至今，已有五年之久。在准提法成就者高七师的领导下，院内广大师生积累总结了丰富的教学经验、理论知识与学员的实际修学体验。其中具有国际化标准的段位制学习考核制度，早在2008年建院之初，为避免准提法修行者犯"邹忌讽齐王纳谏"中邹忌所犯的错误，学院就制定了准提法三级九段位制标准，此段位制成为学院考核评定修学的唯一标准，同时这也是全球范围内按照《显密圆通成佛心要集》次第修学准提法最权威最智慧的认证标准。

三级九段位制度每一段的修学内容，都是在前一段的基础上逐步提升高度，随着佛学理论知识的深广、持诵准提咒数量与修行时间的逐渐增加，形成了一个次第清晰的自我评价量化体系。不仅仅起到学员能够自我衡量学习情况，考核学院老师教学品质的作用，其更为重要的意义是打破了过去佛教学习模糊的自我评价体系，体现出了准提法修行的层次性和体系性。现经多年的教学实践证明，学院为学员打造的准提法三级九段位制标准，对修学准提法十分重要。如同修习准提法要用准提镜，学院制定的三级九段位制，就是准提镜的一种化现。准提法修学者通过段位制，能够清楚的认识自己、照见自己，从而知道自己在修行与生活上要努力的方向，是自我验证修学最科学标准的方法。

准提法段位制度的段位分为初、中、高三级，各级内的段位也可分为：学习、修行、考核通过三个部分，每级内有三段。共九个段位。九段是学院学习内容、学位的标志，九段以上是《心要集》中的九品或五品果上的成就。就是说准提法的修行学位分为三级九段，果位九品共十八个层次。九段为近成就，学位成就。九品五品为果成就，详见《心要集》。

初级	一段	预习位
	二段	修学位
	三段	圆满位
中级	四段	预习位
	五段	修学位
	六段	圆满位
高级	七段	预习位
	八段	修学位
	九段	圆满位

三级的修学内容，就是学院编制的各旬各个科目的内容。其中初级主要是密圆内容，就是《心要集》的持咒方法等课程。中级以圆教五部（小、初、顿、终、圆）划分，系统学习俱舍、唯识、中观等佛教理论，深入学习准提法利他的坛法火供等内容。高级，按照太虚法师的判教思想了解净土、天台、华严、禅宗、密宗等中国佛教宗派，融通其他宗派和教派的修行体系与实修技巧。

　　最新制定的段位制评定标准，将修学体验，菩提心与普贤行，判教思想、净土成就、生命教育、随喜供养等修学内容，全部按照次第详细准确地进行了划分，综合全面地将修学者在学习过程中，将要解决的问题和经历的每个阶段都进行了剖析与定位，是通向准提法修行成就的标尺和地图。

　　普世性是佛法最重要的特点之一，在现代新兴宗教蜂起的世界，将佛教普世化、社会化具有现实意义，而如何将传统佛法的发展与现代社会相适应，秉承太虚法师所提倡的人间佛教思想，是准提法网络佛学院一直作为己任的目标。准提法三级九段制度的重建完善，标志着中国佛教准提法修学，无论是理论，还是实修，均迈入了一个更为科学、智慧的阶段，也便于学院学员更为方便的普度众生，自利利他。使得每一位到准提法网络佛学院学习的准提行者，能真正地学到为众生服务的能力，以准提理念的心态参与社会，融入社会，变成一名真实的菩萨，而不是天天喊口号的许诺菩萨。由此可见，准提法网络佛学院代表着中国佛教发展的方向，是马丁·路德的现代宗教模式的中国化，是佛教的新教改革。基督教新教改革推动了资本主义的社会发展，准提法网络佛学院的改革将推动中国的经济、政治、文化产生历史性的飞跃，为广泛传播和振兴佛教翻开历史性的篇章。

准提法段位评定内容基础课表格详解一

综述三级九段的基本分级

级别	段位	修行方向	身相应			口相应			观想内容	意相应			
			内容	利他	课程	念咒数量	质量	法布施		内容	心识动静	去执	捉贼
初级	1-3段	一门深入	手印身	息法自利	1-3句课程，手印应用	一百万	金刚念诵	准提咒功德	意	坛法内容	心咒 与咒相应	身我执（身）	倾听 业果烦恼
中级	4-6段	广学多闻	对境身	息法利他	三眼修法等准提菩萨形手（法器）的修持	三百万至七百万	五轮念诵	度人方法	身形	三眼修法	三眼 静内外	法我执（环境）	鉴定 所知烦恼
高级	7-9段	圆融无碍	微细身	增法长寿	布字法幻化身长寿法	无计无数	意气合一	语言学方法	息字	三身布字	三身 准提三昧	佛我执（佛教）	四相八式 无明烦恼

九段基础课

身

身、口、意，是真言行者最基本的修学内容，身、口、意修行内容的掌握程度、修行深浅是主要的评定方法。

初级是对手印与身体、自身的控制能力等"自身"要求，以息法自利为主；

中级是"对境身"的理解和修行，及三眼修法等准提菩萨身、形、手（法器）的修持，并能用无畏印帮助别人祛除身病，以息法利他为主；

高级是对微细身、幻化身的修持，及长寿法的深入。以增法为主，增长寿命和快乐。

口

口诵真言是方法，口，也是气。身、口、意，也可以称作身、气、识。

真言修持，是修持内容的核心。

1.数量：初级是对念诵数量的要求；中级是对念诵质量的要求；高级要求意气合一，身气合一的境界追求。

2.初级要求念100万遍准提咒及《普贤行愿品》100遍；中级要求念准提咒300万遍到700万遍，五轮金刚诵最少四轮以上可以发音、震动；高级要求持咒与息合一，以气引导内识的变化，持咒转变气脉，引导情绪等能量的转化，逐步达到意气（息）合一，身息合一。

3.法布施上，语言理论的讲述学习，还包括布教的能力与功德。要求初级能讲述准提咒的功德；中级掌握用佛教智慧引导他人的方法：100个学习准提法的好处；高级对语言学的学习、运用。

意

观想、思维，思维分别之识。

1.对咒语、对境、自身三方面的观想，按照《心要集》中五层观想的层面划分。初级，意、光的观想；中级，形、身的观想；高级是对字婆、意息的观想，也就是意气合一的部分。

2.思维修，动修：包括对心的任运能力的三眼修法的落实，肉眼、手眼与心眼对意念的控制能力。静修：是三身修法的应用，把意识变为当下一念的能力。这是中级、高级要由三身修法引发出世法的三昧或心一境性。

3. { 身我执（身体）
　　法我执（环境）
　　佛业执（佛教）

4. { 业果烦恼（五八识）
　　所知烦恼（六识）
　　无明烦恼（七识）

5.　　　{ 倾听
　学习　 鉴定
　　　　　图式

准提法段位评定内容基础课表格详解二

级别			修法体验		菩提心		判教思想		净土成就			
			内容	助人	法布施对象							
基础课	初级	内部	感觉神迹	数术 神通 直觉 梦境	自利利他	家人朋友	方便法 圆融法	六大特点 三身判教	四品	入关斋戒 临睡念佛	善戒 回向	遇缘 解脱
	中级	外部	利他改运	供养 承担 智慧	利他自利	有缘众生	由圆融到超令	三身判教 准提四病	上品	观经修学	念佛 回向	遇缘 解脱
	高级	利他	弘法教化	缘起因果	自他不二	佛世合一	令教后的大虚圆教	三身判教	即刻	普贤净土 太虚之爷	感恩 回向	遇缘 解脱

修法体验

初级多为内部的感觉：自身的变化为主要内容，消业为主体。助人体验为梦境、数术、神通、直觉，故感觉、神通、神迹为初级。

中级为外部的感应：以自身利他人，家庭、事业、社会发展，以增智增福改变命运为主体内容。助人体验用供养、承担、智慧。故世间的智慧、福报为中级。

高级为利他的感化：上升为利他的感化，同时把法布施的教团功德，作为体验的主体。助人体验转入平凡的缘起起缘，返归到对因果深刻真实的认识。故高级是关注佛法的教化和弘法。

菩提心与普贤行

菩提心是成佛的种子，修行的内在动力。《心要集》提倡显密双修，显圆以普贤行为主体，这是以菩提心来落实十大愿的行持。

初级实修自利；中级是理论讲法度人的利他与坛法修持的利他；高级是自他不二的理论与实修结合。

法布施的对象：初级影响家人朋友；中级扩展到所有结缘的众生；高级班把自己的事业与生命的意义与准提事业、佛教发展融为一体。

判教思想

准提法在修行者心中的地位，取决于对准提法判教思想的学习和理解程度。

初级：准提法作为治病增福的方法，在理解中处于技术层面，准提咒是接引初学的方便法。学习准提咒六大特点，三身判教思想。

中、高级要学习心的判教、太虚判教，五层观想深入等诸多内容并给予考核。

初——方便圆融之法

中——由圆融到超夺

高——夺教后的圆教

净土成就

初级：八关斋戒与遇缘解脱的四品成就。学习内容；八关斋戒、临睡念佛，善戒回向。

中级：善导大师传法福报的上品成就。学习内容：观经学修，念佛回向。

高级：净土夺教的即刻往生，真化显隐的感恩心，感恩行。学习内容：普贤观净土合一，感恩回向。

准提法段位评定内容专业课表格详解

	级别	段位	著作著述	坛法功德	外部示现	生命教育	供养	敬语	揖礼	标识
专业课 九段	初级	1-3段	感应心得 修行	回向与发愿	人生佛教 个人	自我分析 心理分析	自利 法事	学长 师兄	腿	白
	中级	4-6段	理论分析 经典	利他自利 随喜火供	人间佛教 社会	他人分析 生命教育	感恩 个人	师长 老师	丹田	黄
	高级	7-9段	学术论文 出世入世	坛法法事	家庭佛教 佛业	方法整合 细胞小组	弘法 团队	导师 恩师	心腔	红

著作著述

初级撰写准提法的感应文章或学佛心得的文章。

中级撰写佛教经典理论阐述与学习心得、法布施经验分享的文章。

高级撰写佛学与其他学科的横向研究文章与佛学论文。

坛法功德

初级学习回向与发愿。

中级应用坛法利他自利，随喜火供。

高级是利生火供的应用修持。坛法法事活动，能为众生息灾、增福、超度、超拔、火供利生等。

外部示现

初级，人生佛教——佛法改变自己的人生。个人：自利生存、发展。

中级，人间佛教——佛法改变环境和他人、社会。亲朋：创造价值、社会意义。

高级，家庭佛教——落实家庭佛教，繁衍佛教，意义深远。佛业：世间事业升华为佛教事业。

生命教育

初级对佛教新五明的学习，应用具体方法，解决人生的心理问题，达到自我分析。

中级对心理学的学习，应用于帮助他人，家庭幸福，达到分析他人。

高级，以家庭佛教入手，培养细胞小组的能力，达到整合各流派的心理学方法，灵活应用于度化服务众生。

供养

初级供养的目的是为自利。侧重息灾求福。供养内容：法事供养。

中级供养的目的，是为了感恩。供养内容：个人供养。

高级供养的目的，是为了准提法的发展，佛教的发展。供养内容：对团队及学院的整体供养。

敬语风尚

三级从考核、证书、标识、服装上用颜色划分，建立敬语体系，完善下化思想。

初级：白色，菩提。敬语为学长，师兄。揖礼时，手垂于腿部，合十礼心。

中级：黄色，水晶。敬语为师长，老师。揖礼时，手在丹田。合十礼喉。

高级：红色，红菩提。敬语为导师、恩师。揖礼时，手在胸前。合十礼头。

准提法网络佛学院咒师专业初级考核制度

准提法咒师初级学习内容和时间

初级一段学习内容

科目	形式	时间	学分
《显密双修准提法观诵集》	实修	每天	15分
《准提行者的理念》	阅读	自定	5分
准提咒六大特点	阅读	自定	5分
《了凡四训》	阅读	自定	5分
《准提法开示集》《准提法问答集》	阅读	自定	5分

总分35分，最低分数23分。

初级二段学习内容

科目	形式	时间	学分
《显密双修准提法观诵集》四十九天修法，回向发愿方法、念咒发音正确	实修	每天	10分
七十遍普贤行愿品、十万遍准提咒；或每天一千遍准提咒，连续一百天以上	实修	自定	10分
准提镜坛的设修方法	实修	自定	5分
《显密圆通成佛心要集》之密咒十大功德	阅读	自定	5分

总分65分，最低分数50分。

初级三段学习内容

科目	形式	时间	学分
《准提法判教思想》	阅读	自定	5分
一百遍《普贤行愿品》、一百万遍以上准提咒	实修	自定	20分
准提功德塔的应用方法	阅读	自定	5分
受持八关斋戒一次	实修	自定	5分

总分100分，最低分数80分。

准提法网络佛学院事业师专业初级考核制度

准提法事业师初级学习内容和时间

初级一段学习内容

科目	形式	时间	学分
《显密双修准提法观诵集》精简版	实修	每天	10分
《准提行者的理念》	阅读	自定	5分
《了凡四训》	阅读	自定	5分
《高七师北京大学佛教人生策划》	阅读	自定	5分

总分25分，最低分数15分。

初级二段学习内容

科目	形式	时间	学分
《高七师讲三元心理学》 《TA交互沟通分析之心理社工学习手册》	阅读	自定	15分
《准提法开示集》 《准提法问答集》	阅读	自定	5分
《显密圆通成佛心要集》之准提法各咒的功德	阅读	自定	5分

总分50分，最低分数40分。

初级三段学习内容

科目	形式	时间	学分
参加TA基础课程培训18学时、TA在事业上的应用课程培训18学时	培训	自定	10分
《佛法概要》之五大菩萨	阅读	自定	10分
阅读、转发学院微信公众号文章	阅读 转发	自定	5分

总分75分，最低分数60分。

准提法网络佛学院教授师专业初级考核制度

准提法教授师初级学习内容和时间

初级一段学习内容

科目	形式	时间	学分
《显密双修准提法观诵集》	实修	每天	15分
《准提行者的理念》	阅读	自定	5分
参加TA基础课程培训18学时、焦点初级培训12学时	培训	自定	5分

《了凡四训》	阅读	自定	5分
准提咒六大特点	阅读	自定	5分
《准提法开示集》《准提法问答集》	阅读	自定	5分
《高七师心要十讲》	学习	自定	10分

总分50分，最低分数40分。

初级二段学习内容

科目	形式	时间	学分
《显密双修准提法观诵集》四十九天修法，回向方法、念咒发音正确	实修	每天	10分
七十遍《普贤行愿品》、十万遍准提咒；或每天一千遍准提咒，连续一百天以上	实修	自定	10分
准提镜坛的设修方法	实修	自定	5分
《显密圆通成佛心要集》之密咒十大功德	阅读	自定	5分
参加TA中阶课程培训18学时；焦点教练中级课程12学时	培训	自定	5分
《显密圆通成佛心要集》之准提法各咒的功德	阅读	自定	5分

总分90分，最低分数80分。

初级三段学习内容

科目	形式	时间	学分
《准提法判教思想》	阅读	自定	5分
一百遍普贤行愿品、一百万遍以上准提咒	实修	自定	20分
准提功德塔的应用方法	阅读	自定	5分
《遇缘解脱的净土法门》	阅读	自定	5分
参加TA高阶课程培训18学时；焦点教练高级课程12学时	培训	自定	10分
阅读、转发学院微信公众号文章	阅读 转发	自定	5分
《佛法概要》明旸法师版	阅读	自定	5分
《高七师心要十讲》	学习	自定	10分

总分155分，最低分数130分。

各专业每段学习加分内容

内容	形式	学分
提交优秀准提法文章	原创	每篇2分
度人	自定	2分
传播了凡四训	推介视频、书籍、文章	1分

备注：学院的优秀文章，每次加2分，每月得奖人数不超过参加人数的百分之三十；

度人是指通过学员的努力，引导院外非学员报名参加学习，也包括团队接引的新居士；

传播《了凡四训》，是指向他人推荐了凡四训的视频、书籍和文章，在推荐下最少看一遍视频，书籍或文章，或者应用了凡四训APP。

各专业必修课程内容

各专业必修课程表

时间 \ 专业		每天	每周	每月
事业师	早晨	《显密双修准提法观诵集》任选一版 准提行者理念、32句晨诵 早855祈请	事业工作计划安排与总结	针对每周总结修订内容
	晚上	晚855祈请 十句阿弥陀佛佛号临终回向		
咒师	早晨	《显密双修准提法观诵集》完整版 一千遍以上准提咒 早855祈请	《显密圆通成佛心要集》日诵精华	火供一次，或者供佛利生一次
	晚上	晚855祈请 临睡观修法、十句阿弥陀佛佛号临终回向	修准提塔最少一座	
教授师	早晨	《显密双修准提法观诵集》完整版 准提行者理念、32句晨诵 早855祈请 《显密圆通成佛心要集》日诵精华	修行读书心得	读经读书文章计划总结
	晚上	晚855祈请 临睡观修法、十句阿弥陀佛佛号临终回向		

各专业必修课程详解

作为学院的学员，我们应该合理地安排自己的修行时间和内容，学院三个不同的专业，都规定有每天的必修课。必修课是指我们每天都要用一定的时间，来保证自己的实际修行。《显密双修准提法观诵集》是所有专业每日必修课程，其详尽修行方法请仔细阅读附录七——《显密

双修准提法观诵集》的念诵方法和相关事项 一（高七师于2019年在福建北山寺开示）

事业师专业每天必修内容：

第一、每天早晨的必修课要求是修学定课《显密双修准提法观诵集》，准提咒要不少于一百零八遍。所用的法本可以用《显密双修准提法观诵集》的精简版，或者《密圆准提咒的初学修持法》。

修行时间应该在30分钟左右，初学者需要30分钟左右，熟练后时间一般是20分钟或15分钟。对于大部分报名修学事业师的学员是都可以接受这个时间的。

第二、每天要把《准提行者理念》及高七师32句话各念诵一遍，上述一般10分钟内即可完成。

第三、每天上午8：55分和晚上8：55分，要进行855祈请修行，祈请需要用5分钟左右。学院有855的音频资料。

第四、每天晚上事业师必须念十句以上的阿弥陀佛佛号，之后再睡觉。原因大家可以看学院《准提法开示集》中关于临终部分的讲解，就会知道其中的重要性和必要性了。

事业师专业每周必修内容：

每周要求把一周的事业情况进行总结，并对下一周的事业情况进行安排。这个事业就是指我们的世间事业、家庭生活等等。这是事业师要求的学习内容。

事业师专业每月必修内容：

每月要针对每周事业进行总结修订。

咒师专业每天必修内容：

第一、每天必修课程应该不少于一千遍的准提咒，其他的时间散念是在这一千遍的基础之上。提倡大家用《显密双修准提法观诵集》完整版来修法，《显密双修准提法观诵集》完整版的念诵时间对于初学者相对慢一些，大约在40分钟到50分钟。对于已经熟练的行者，念诵速度就会加快，大概是在30分钟左右。加上准提咒的修持时间估计在一个小时可以修完。

第二、每天上午8：55分和晚上8：55分，要进行855祈请修行5分钟。学院有855的音频资料。

第三、每天晚上要进行临睡观修法。具体修法可以请教班主任，不会观修也可以和事业师一样，临睡前念十句阿弥陀佛，然后对往生极乐世界进行回向。

咒师专业每周必修内容：

每周要诵一遍《显密圆通成佛心要集》的日诵精华。（见《准提法开示集》）

每周最少修准提塔一座，可以念准提咒心，念完一座准提塔总共是两万多遍准提咒，并要明确许一个世间的愿望。准提塔可以为自己的愿望修，也可以为别人修，这是自利利他。

咒师专业每月必修内容：

每个月要做火供一次，或者供佛利生一次。这属于报佛恩的内容。

教授师专业每天必修内容：

每天早晨必须按照《显密双修准提法观诵集》完整版来修行。

每天上午和晚上都要进行855祈请5分钟。

每天要诵一遍《显密圆通成佛心要集》的日诵精华。（见《准提法开示集》）

每天晚上用临睡观修法回向自己能够在临终往生极乐世界。

教授师专业每周必修内容：

每周对《显密圆通成佛心要集》日诵精华全文读一遍。

对自己的修行及佛教基础知识视频写一篇心得日记。

教授师专业每月必修内容：

每月要对学习佛教经典视频作出学习计划并执行，对前一部经典学习进行总结。

上述课程内容中，每天必修课是作为一名修行者每天必须完成的事情。

【文章】：《准提理念导读》教授师、《从敬爱到敬畏——855祈请的深层涵义》ALL、《初学居士如何选择法门（高七师北大讲座）》ALL、《居士学佛修行中的八个误区》教授师、《修准提法之四病》教授师、《空与善法欲、法身与居士——佛学莫执空》事业师、《常养菩提根——普贤行愿品的实行》教授师、《高七师：树立一个强大、积极的自我形象》事业师、《高七师：改变人生的四句话》事业师、《学会利用零碎和余暇时间修行准提法》咒师、《为什么坚持随喜初十利生火供，能逐渐改变命运？》事业师、《火供，是增加修行助缘最好的方法》教授师和咒师，以上内容自行搜索或联系准提学院义工索取。

初级课程预科班试题

1.三个专业的每天必修的侧重点有何不同？

2.每周的工作计划和上周的总结与准提理念的关系，与修行的关系？

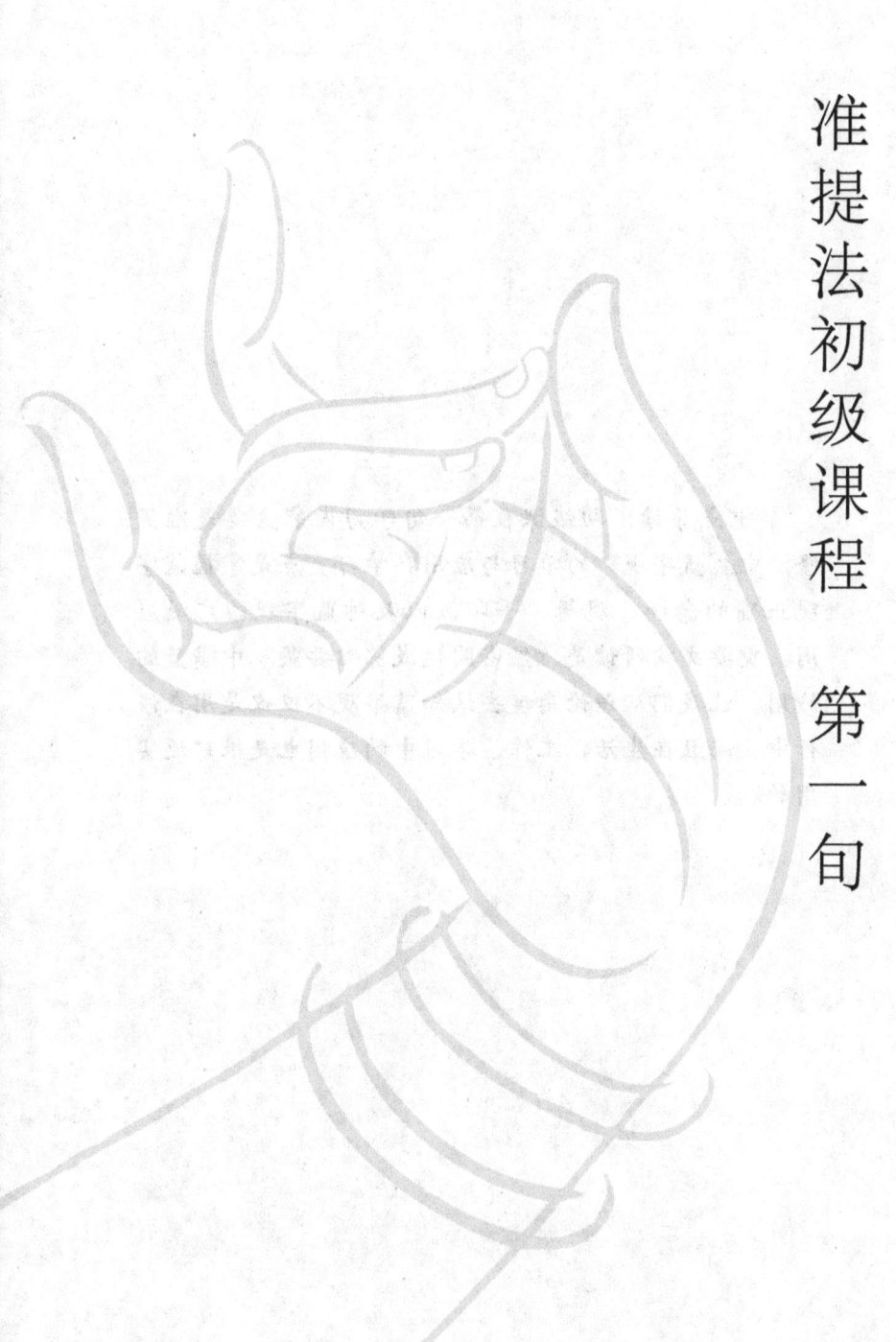

准提法初级课程　第一旬

重点导读：初级课程第一旬学习内容主要是准提修法中《蓝字观》的学习与应用。学习重点是掌握蓝字观正确的念诵、观想、手印，以及对蓝字观的广泛应用。重要文章研读是《显密圆通成佛心要集》中唵蓝的妙用，让我们从理论角度去认知蓝字观不仅仅是用在修行中，而且在生活、工作、学习中的应用也是很广泛实用的。

《显密圆通成佛心要集》中唵蓝概要

蓝字观的　身相应

谓真言行者。每日欲依法持诵时。先须金刚正坐(以右脚压左脚髀上。或随意坐亦得)手结大三昧印(二手仰掌展舒。以右手在左手上。二大拇指甲相着。安脐轮下。此印能灭一切狂乱妄念杂染思惟)澄定身心方入净法界三昧。

蓝字观的　意相应

谓想自身顶上有一梵书蓝字。此字遍有光明。犹如明珠（立体的）、或如满月（平面的）。想此字已。

蓝字观的　手印

复以左手结金刚拳印(以大拇指捻无名指根第一节。余四指握大拇指作拳。此印能除内外障染。成就一切功德)右手持数珠。

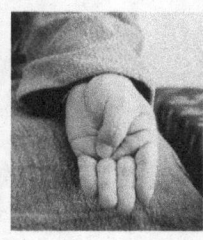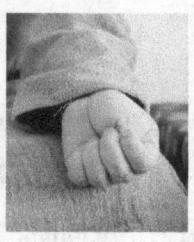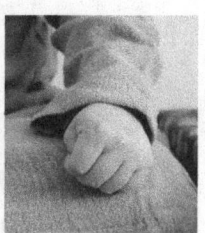

简单观法

一、每日对镜初欲持诵时。或只依前先想自身顶上有一梵书蓝字。犹如明珠。然后持诵。

二、或舌上想一蓝字，想竟然后持诵（准提咒）。

功德

一、此净法界蓝字。若想若诵。能令三业悉皆清净。一切罪障尽得消除。

偈云啰字色鲜白。空点以严之(梵书啰字上安空点。即成蓝字也)。如彼髻明珠。置之于顶上。真言同法界。无量众罪除。

二、又能成办一切胜事。随所住处悉得清净。衣服不净便成净衣。身不澡浴便当澡浴。若用水作净不名真净。若用此法界心蓝字净之。即名毕竟清净。瓶如灵丹一粒点铁成金。真言一字变染令净。

一切触秽处。当加此字门(若实外缘不具无水洗浴阙新净衣。但用此蓝字净之。若外缘具者。先用水了着新净衣。更用此蓝字净之。即内外俱清净也。广如诸真言仪轨经说)。

三、加持念珠

又一字顶轮仪说。若用蓝字真言加持数珠七遍。用持课时。一遍成千遍。

清净供品

方始以饮食香华等随力所办之物。并盛饮食器物等。皆以普通吉祥印印之(右手拇指与无名指相捻。余三指皆舒散)诵净法界真言。加持二十一遍。

遮止断语

又正持诵未满一百八遍。不得共人语话。若欲语话时。于自舌上想一梵书蓝字。纵语话不成间断。

对治错乱

若人紧切持诵时。或逢种种魔障或忽然怕怖。或舌难持诵或身心不安。或多嗔多睡或见诸异相。或于咒反生疑心不欲持诵等云云。若对治者。应观梵书啰字。或观蓝字或观阿字等。但随观一字彼境界自然消灭。

善境应用

二验成行相者。谓准泥陀罗尼经。金刚顶经苏悉地等。共十余本经皆说。真言行者用功持诵。或梦见诸佛菩萨圣僧天女。或梦见自身腾空自在。或渡大海或浮江河。或上楼台高树或登白山或乘师子白马白象。或梦见好华果。或梦见着黄衣白衣沙门。或吃白物吐黑物。或吞日月等。即是无始罪灭之相。或正持诵时见诸盘光明。或见空中遍地奇特之华。或见诸佛菩萨圣僧天仙等。或见诸佛净土。或自游佛国亲承供养。或暂时闻经于多劫。或见灯光高一二尺乃至一丈。或无火炉中自有烟起。或见佛像幡盖自动。或闻诸佛菩萨种种美声。或觉自身巍巍高大。或齿落重生或发白返黑。或身润白不生蚤虱。或贪嗔痴心自然消灭。或总持不忘一字能演多义。或智慧顿生自然通晓一切经律论。或一切三昧法门自然现前。或福德顿高四众归仰等云云(此上所说是经文。今有闲僧儒士。泛参禅理者。厌见相以为妖异。此则非但毁谤最上乘教。亦是舍相取性之邪见也。不知其相本来是性耳)。若逢如上之事。但是福慧增长近成就相。莫生疑惑之心。勿起取舍之念。应观所逢境界。皆是阿字或蓝字等(或想皆如梦幻。或想皆是法界一心)。若得如是应验。更须策发三业加功诵持。不得宣说咒中境界炫卖与人。唯同道者，不为名利敬赞，方得说之。

降伏法的布坛

若作降伏法者，于准提像前安置镜坛(更想一青色三角坛。于三角坛中遍想啰字或蓝字。尊像供具并行者自身。俱想在三角坛中。或于像前只涂拭一三角坛亦得)。

蓝字变作三角火轮

又准大乘观想曼拏罗经。持明藏成就仪轨经。尊胜佛顶修瑜伽法等数十本经教中说。或想自身顶上蓝字。变作三角火轮。从顶至足烧尽自身。遍周法界唯见清净(纵有五无间罪用此字烧身亦皆除灭无遗)次想一梵书阿字生成自身(谓阿字即体是无相法界。从无相法界生成行者之身)复想一暗字。在自顶门十字缝中。(谓暗字即体是十方诸佛。光明法水用灌佛子之顶。此是秘密灌顶法门)然后持诵。

出世间法的应用

若作出世间法者(为欲速满福德智慧二种资粮。及顿圆十波罗蜜超越三无数劫。今世祈克圣界现前)。行者在于山间深谷。殊胜岩窟清净伽蓝。运大悲心常乐利乐无边有情。同准提王菩萨仗托无尽诸佛菩萨大悲愿力助护。限四月四日一期之内。阻绝人客默断语言。三密相应心无间断。行者面向东(余方亦得。就中向东最吉。或全跏坐或半跏坐。或随意坐俱得)。像面向西。于准提像前安置镜坛,行者顶上想蓝字。变成火轮烧尽自己有漏之身。复想大莲华上有阿字。生成无漏智身。更想暗字灌顶已。又想蓝字变成大火。烧此有为世界。如同劫火烧尽无遗。但有空寂。

(蓝字观所需修法图片见封三)

为便于学员修法观想,学院特别订制三维立体准提梵字,

全套准提修法梵字,恭请联系班主任或或添加微信18610612701。

备注:

上述蓝字概要内容皆是《显密圆通成佛心要集》古文内容。若有不理解的内容,请阅读《显密圆通成佛心要集》直译白话文。

蓝字观讲义

《显密圆通成佛心要集》（以下简称《心要》）中的蓝字观。"蓝"字咒是《心要》中第一个咒，我们讲蓝字真言的方法，是直接把《心要》中与蓝字有关的内容都给大家串讲一下，这样有利于大家对这个咒的发音、手印、观想能有个彻底通彻地了解。

蓝字真言的修行方法，包括四个方面：蓝字观的身相应，意相应，手印以及咒语的发音。

蓝字观的身相应：《心要》中所述：谓真言行者，每日欲依法持诵时，先须金刚正坐，手结大三昧印，澄定身心，方入净法界三昧。

这是修蓝字观对身体的要求，也就是我们在每次持诵准提咒之前，先要调整好自己的坐姿，即要先调身。

道大师讲修行时的身体姿势，一般都讲两种姿态：金刚坐或随意坐。有标准的姿势，以及标准以外我们自己觉得舒适的坐姿，对于调身的要求不是很严。但是我们在讲蓝字观的时候，还是要按里面最严格标准的姿势来讲。

金刚正坐就是以右脚压左脚脾（大腿）上，或者随意坐也可以。

手的姿势就是手心朝上，放在自己的小腹部位，脐轮下面，右手在上面，两个大拇指相互接触。以上是身体的姿势以及手的姿势。在这种姿态下安坐一段时间，自然心中的狂乱杂想就会静下来。这是身相应，相应一两分钟，或者三四分钟都可以。

身体相应之后。我们可以观想头上有一个梵书的蓝字，此梵书蓝字观想时如《心要》中所述：又如明珠或如满月，遍有光明。这是说我们观想头顶上这个蓝字，可以有两种方式。

一种是观想立体的，像一颗明珠一样在发着光明；一种是平面的、像看到的月亮一样，月亮中有个梵书的蓝字。这个蓝字同样也是发着光明，照耀自身。这样观想蓝字之后，就可以再学习应用蓝字的手印了。

蓝字观的手印：《心要》中所述："复以左手结金刚拳印，右手持数珠"，开始持诵嗡蓝这个咒语。左手金刚拳印简单的打法，就是攥住自己的大拇指，我们一攥住自己的大拇指，自然大拇指就会捏到无名指的第一指节了，可以试一下。

这个印可以灭除内外所有的障碍和污染。这时，我倒是想起一件事情来。在一九九二年左右，我学了嗡蓝这个手印。当时正在修一个体呼吸的法门。我们家乡有一名老太太，她具有天眼通。因为我修体呼吸，是全方位的用身体所有的皮肤吸气，自然会把一些光明、氧气吸进体内，随之又从体内排出一些浊气，整个身体都是气的出入。这位有天眼的老太太，她没有什么文化，也不懂修行的道理，只是因为一些特殊的因缘使她具有天眼的功能。当她看到我时，很惊讶地说："哎哟，小伙子你怎么啦？你身体什么东西在进进出出呀！"然后她就用手来抓我的身体，我感觉她这样不好，我就跟她说"没什么，没什么"。之后我就把手背过去，结了一个金刚拳印。我结完印之后，老太太说："哎哟，你这个身体没有进进出出的东西了。"她感觉非常奇怪。忽然发现我的手是背在后面的，她马上明白了，我在结这个印。这个印能关闭了所有体呼吸的通道，也说明金刚拳印不仅能清净修法的场所和坛城，而且能坚固和封闭坛城。蓝字的手印本身就具有很大的功用，确实能够除去内外污染障碍。

我们念蓝字的时候，可以左手结金刚拳印，右手拿念珠数珠来计自己念诵的数目。实际上我们修任何一个法，包括修持准提咒或任何一个咒。都可以用这个方法来持诵，即左手持金刚拳印，右手数念珠数数目。同样蓝字观也用这个方法。

蓝字观需要念诵二十一遍，一般不用数念珠也可以计到，我们可以在念嗡蓝的时候用呼吸计，一般一口气可以念七遍以上，只要记住念三口气就可以了，不用数念珠也可以。

蓝字观的语相应，即是我们如何来持诵。

蓝字的发音就是"嗡蓝"，或者只念蓝也可以。"嗡"是每一个音的母音，在我们念蓝的时候，即使"嗡"字不念出声，"蓝"字之前都有一个母音在起作用。"嗡蓝"，"嗡蓝"，因此我们一般都是把"嗡"的音念出来。

"嗡"是引音，所以有些法本也会写"唵"，这个"唵"和"嗡"也是一样的，都是引音。作为母音，到底是发"嗡"还是"唵"很难区分。如果只简单念"嗡"其实也不对，它是引音。因此，要念"嗡蓝"这样来发音，比较正确。我们可以念三口气，"嗡蓝"…

上述是早晨正式修行前"嗡蓝"的一种标准修法，包括身体姿势，三昧定印，头顶"嗡蓝"的观想——立体的亦或是平面的，"嗡蓝"的金刚拳印，念诵"嗡蓝"计数方式以及"嗡蓝"的发音。除了"嗡蓝"正式标准的身口意三方面相应的方法，也可以把修法过程简化。

如果觉得标准的修法太繁琐了，可以简化修法的过程，我们可以只观想头顶上有个梵书的蓝字，犹如明珠一样，然后就开始修持准提咒，或者修《显密双修准提法观诵集》就可以了。或者更简单的是观想舌尖上有一个梵文"蓝"字，然后持诵准提咒就行。道大师给我们安排的修法，从来都没有要求必须如何，通常都提供两种方法：一种简单和一种相对复杂的标准方法，大家只要选择合适自己的方法就行，不要太执着。

接着讲一下蓝字的功德。因为我们现在处于五浊恶世，身边的环境很多不尽人意，可以将蓝字的功德广泛应用，用"嗡蓝"能够把不净化为清净，秽土变成净土。

如《心要》中所述："此净法界蓝字，若想若诵，能令三业悉皆清净，一切罪障尽得消除。"这是说蓝字具有消除罪障的功德。经上说"蓝字色鲜白，空点以严之，如彼髻明珠，置之于顶上，真言同法界，无量众罪除"。是说如果我们经常观想，有一颗像明珠一样的蓝字戴在我们头顶上，我们的罪业当下就可以消除了。这是蓝字具有能令身口意三业都清净的功用。

又如《心要》中所述："又能成办一切胜事，随所住处悉得清净"。是讲在修法前，如果觉得自己所穿的衣服不干净，可以对着自己的衣服念诵"嗡蓝"几遍，同时想"蓝"的光明照着衣服，那这件衣服就是清净衣了。如果没有条件不能洗澡，也可以用"嗡蓝"进行观想清净自身。有时候我们供佛，由于条件的原因，水果以及供品洗不干净的话，也可以用"嗡蓝"清净。

好多人都会遇到这个问题，在应用准提镜坛的时候，会认为准提镜被别人看到了？或者觉得准提镜不干净了怎么办？我们也可以念"嗡蓝"使准提镜变得清净。因为，在修镜坛之前都要去买一面新镜子。这面镜子，大家都说最好是不要让别人看到，那制作的人能不能看到呀？如果看不到镜子怎么制作出来？这可怎么办？道大师告诉我们一个最好的办法，念"嗡蓝"这个咒来清净这面镜子之后，镜子就会变成一面清净的新镜子（新镜，没有被自己当作一般生活用镜用过）。

如果一切不干净的地方念"嗡蓝"来清净，就都会变成干净的了。这是"嗡蓝"的清净功用。此功用是指圣用，就是在这个当下，用"嗡蓝"加持过的东西都是非常清净的，是被天人护法所欢喜的。

蓝字具有清净供品的功用，在《心要》的供佛利生的章节，其中供佛利生的仪轨中就用到"嗡蓝"这个咒语。经上说："方始以饮食香华等随力所办之物，并盛饮食器物等，皆以普通吉祥印印之。"什么是吉祥印呢？就是拇指和无名指相捻，其余三指散开，手心向着我们要加持的、要清净的这些供佛的供养品，念净法界真言二十一遍，"嗡蓝、嗡蓝"……这样，手印所对的供养品就清净了。

因此，当我们在供佛的时候，首先要手打吉祥印对着供养品，然后念二十一遍"嗡蓝"，此时，供养品在咒音和吉祥印的加持下就会极其清净，而且能遍满法界，被佛菩萨及天人护法受用。这是供佛利生中，道大师给我们讲的"嗡蓝"的用法。

"嗡蓝"还有其他的功用，比如我们在正式持诵准提咒的时候，或者是每天早晨正式修行早课的时候，一般要求修法人在修行时，不要间断、不要和别人说话，但有时会发生不得已要与别人说话的情况。比如正念咒，可是家里的厨房水烧开了，如果我们不告诉别人把火关闭的话，会有危险的事情发生。这时，我们就观想在舌头上有一个梵文蓝字，即使我们说话了修法也不会受到影响，也相当于没有间断继续在修行持咒，这是修法时很方便的一个方法。

"嗡蓝"另一种很方便的功用是对治修行中的错乱。有些人在修行过程中会出现种种魔障，或者忽然心生恐怖，或者身体感到不安，或者看到种种疑相，或者念念咒，忽然对咒产生疑心等现象。上述情况，就观想蓝字，自然这些错乱的现象就会消除了，这是蓝字对治错乱的方法。

同样，它也可以应用在修行中所出现的善境界上。什么是善境界呢？我们修行过程中会有一定的印证。什么印证呢？就是在修行中梦见诸佛菩萨；或者梦见自身在空中飞；或者梦见自己骑着白马白象；或者梦到佛菩萨给我们好吃的食物；或梦到吐出脏东西，吐出黑雾；或梦到把日月吞了等，这都是持咒过程中会出现的现象。这些现象我们应如何对待呢？不要执著，我们要想所有的境界都是蓝字，不管看到什么听到什么，想这些境界都是蓝字，不要有取舍之念。何为取舍之念：取就是追求——我能飞得高，飞得再高就好了。这就叫取。舍就是不追求——在心中想，不要再飞了，我不追求神通，我不追求现象。不追求就是舍。此时有两种办法处理。一是不取舍。二是观蓝字，观想一切是蓝字的变化，等同于不取不舍。

我们可以看到"蓝"字的功用还是非常多的：道大师说各种境界都可以观蓝字。蓝字的功德真是太殊胜了，善境界它能对治，恶境界它也能对治，还能清净我们的身心。

我在初学持诵准提咒时，就是观想头上有一个蓝字，同时持诵准提咒。因为这种修行方法比较简单，也比较容易观想。如果我们要是实在无法观想出来"蓝"字，可以买个大小随意的圆形的玻璃珠，来练习自己观的能力。我们可以专心注视着玻璃珠或水晶球，然后闭上眼睛在脑海中想这个玻璃珠的形状，反复练习，达到闭上眼睛就像睁着眼睛清楚地看到玻璃珠一样，这就是观。这样，运用上述的方式把玻璃球观想成明珠，然后再观想明珠里面有个"蓝"字在玻璃球里面。日积月累，蓝字观自然就能观想出来了。然后随着自己修行的深入，可以把观想一步一步深入下去，让观修越来越完善，越来越圆满，逐步达到准提咒五步观想的最高境界。

蓝字另一种功用是在修增息怀诛法布坛时，准提法四个坛法之一降伏法，就是用蓝字来布坛。如《心要》中所述："若作降伏法者，于准提像前安置镜坛，更想一青色三角坛，于三角坛中遍想蓝字。"

这个蓝字是降伏法的什么？是梵字核心！要在三角坛中想蓝字。为什么想蓝字？蓝字也是火焰。前面我们讲的蓝字观都是光明观，像明珠或是满月，想蓝字是光明，这种光明所照耀之物会因真言的力量变得清净。如果蓝字往深层次观，就不仅仅观想它是光明，也要把它观想成三角火。在《心要》中也有三角火观的用法，我们来看一下。

道大师在《心要》中，对蓝字观想成三角火轮的应用方法，总共讲到了三次。

第一次，道大师在传授秘密灌顶法门时讲："尊胜佛顶修瑜伽法等。数十本经教中说。或想自身顶上蓝字，变作三角火轮，从顶至足烧尽自身，遍周法界唯见清净，纵有五无间罪，用此字烧身亦皆除灭无遗。"道大师传授的秘密灌顶法门，修法之前要用蓝字来清净自身，这种观想不是观蓝字是光明，而是把蓝字观成是火焰，用蓝字火焰把自己身体都烧一遍，这样即使有五无间的罪业，用这种"烧身法"也可以使罪业灭除无余。

第二次，道大师在讲准提法出世间修法的时候，也提到了这个蓝字的两种应用。一种观法是讲顶上有个蓝字，但是这个蓝字要变成火轮，把自己有漏之身烧尽，显现清净之身。这是一种观想。第二种观想是想这个蓝字不仅要把自己有漏之身烧尽，而且蓝字变成大火，像劫火一样把整个世界烧尽烧遍了，整个世界也变清净了。这是在出世间法中讲的火轮观的应用。随着我们深入学习，才能接触到这些蓝字的功德。对于准提法的初学者，只需注重嗡蓝最基本的学习内容就可以，下面再给大家总结一下这些基本内容。

嗡蓝真言最基本需要掌握的内容：

嗡蓝的功德是能够清净一切染污之处。这是第一点要知道的功德。第二点要学会嗡蓝的发音。第三点会简单的观想，想这个蓝字会发光，光照到哪里，哪里变得清净。上面三点是最简单的要求。

这是对嗡蓝的介绍，以及嗡蓝的修法和功德，今天我们就讲到这里。如果大家有什么疑问，可以发E-MAIL，通过电话或学院的微信、微博提问，班主任老师可以给大家讲解。

愿以此功德，回向准提法，现前及当来，遍扬十方界，一切众生闻，得无尽利益，善愿皆成就，往生佛净土，究竟成佛道。

初级课程第一旬试题

1.高七师提倡初学准提法者，应先观蓝字，在《显密圆通成佛心要集》中有依据吗？

2.正修的时候，如果不得不中断怎么办？

3.蓝字观有几种手印？可以单独使用吗？

4.蓝字有几种观想的形状？

5.蓝字观有几种功德？

6.蓝字可以观想在人体的什么部位？

7.观光明和观火焰有什么区别？

8.持准提咒者最简单的蓝字用法是什么？

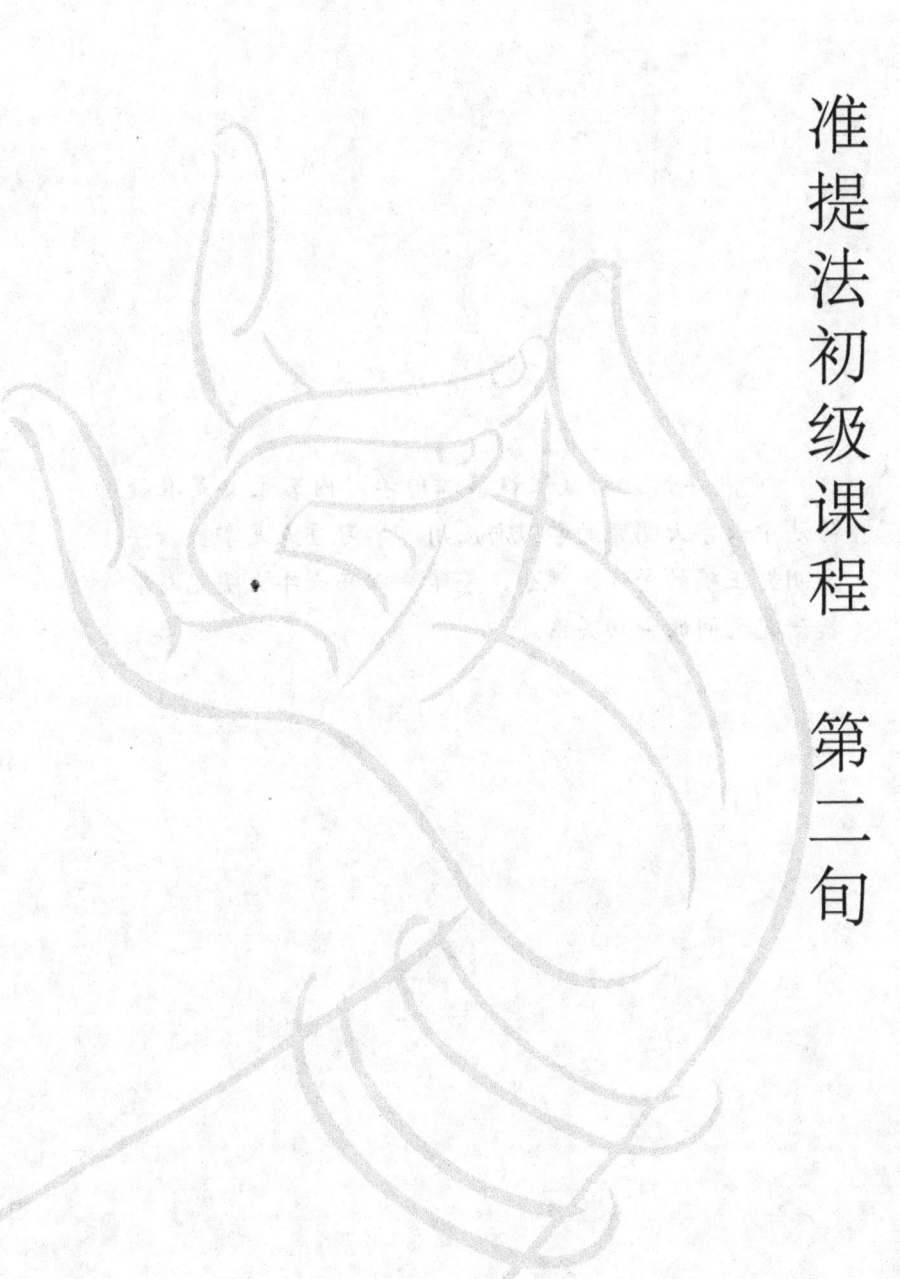

准提法初级课程　第二旬

重点导读：初级课程第二旬学习内容主要是准提修法中六字大明咒的学习与应用。学习重点是掌握六字大明咒正确的念诵、观想、手印，以及六字大明咒与准提诸咒之间的密切关系。

准提法六字准提观概要

一、护身与结界

次诵护身真言二十一遍 真言曰：唵(二合啮字去声弹舌呼之)(此是梵书唵啮啮字已下例准知之)

若诵此咒能灭五逆十恶一切罪业。能除一切种种病苦灾障恶梦。邪魅鬼神诸不祥事。而能成办一切胜事。令一切所愿皆得圆满。此咒是诸佛心。若人专心诵一遍能守护自身。一切鬼神天魔不敢侵近。诵两遍能守护同伴。诵三遍能守一宅中人。诵四遍能守护一城中人。乃至七遍能守护四天下人(广如文殊根本一字咒经说。上二咒各持一百八遍亦得)

二、其它结界

每持诵了。却用右手作金刚拳印。口诵吽字真言而印五处。先印额上次印左肩次印右肩次印心上后印喉上。印竟顶上散之。能除一切魔障成就一切胜事。

或比至持课先印五处亦得。

又随所住处欲辟除鬼神。结金刚界但诵准提真言。咒香水二十一遍。八方上下洒之。即成辟除结界。

三、六字大明咒

次诵六字大明真言一百八遍。

真言曰：唵 么 抳 钵 讷铭(二合) 吽

若诵此咒随所住处。有无量诸佛菩萨天龙八部集会。又具无量三昧法门。

诵持之人七代种族皆得解脱。腹中诸虫当得菩萨之位。

是人日日得具六波罗蜜圆满功德。得无尽辩才清净智聚。口中所出之气触他人身。蒙所触者离诸嗔毒当得菩萨之位。假若四天下人。皆得七地菩萨之位。彼诸菩萨所有功德。与诵六字咒一遍功德等无有异。

此咒是观音菩萨微妙本心。若人书写此六字大明。则同书写八万四千法藏。所获功德等无有异。若以金宝造如来像数如微尘。不如书写此六字中一字功德。

若人得此六字大明。是人贪嗔痴不能染着。

若戴持此咒在身者。亦不染着贪嗔痴病。此戴持人身手所触眼目所睹。一切有情速得菩萨之位。永不复受生老病死等苦。

说此六字大明竟。有七十七俱胝佛。一时现前同声说准提咒。即知此六字大明。与准提真言次第相须也。(广如大乘庄严宝王经说)

四、平时念诵的观想

（一）不用观想自然有如上的灌顶功德；

（二）四臂观音和尽虚空的准提菩萨光明灌顶；

（三）在《显密双修准提法观诵集》的录音中：

A 观音菩萨发光照自己和父母（慈悲心）慢　合掌

B 自己的身体也变成光明遍照的四臂观音（欢喜心）快　分掌在

五、准提咒

然后结准提印当于心上。以准提真言与大轮一字咒。一处同诵一百八遍竟。于顶上散其手印。（或有不乐大轮咒者。只持准提真言亦得。准提印法。以二手无名指并小指相叉于内。二中指直竖。相拄二头指屈附二中指第一节。二大拇指捻右手无名指中节。若有请召二头指来去。正结印诵咒。欲记数时于自身分手指上记。或准提菩萨手臂上记。或于观心上记。或十记皆得。或结印诵得一千八十遍更好。或一百八遍。但以左手作金刚拳印。右手掏数珠持亦得。若务忙者只散持之。）

七俱胝佛母心大准提陀罗尼真言曰：

南无飒哆喃 三藐三菩驮 俱胝喃 怛你也(二合)他

嗡 折隶主隶准提 娑婆(二合)诃部林(二合)（一作没隆）

六、大轮一字咒

大轮一字咒。即部林是也。亦名末法中一字心咒。此咒于末法时法欲灭时有大势力。能于世间作大利益。能护如来一切法藏。能降伏一切八部之众。能摧世间一切恶咒。是一切诸佛之顶。是文殊菩萨之心。能施一切众生无畏。能与一切众生快乐。凡有修持随意得果。同如意珠能满一切之愿。若诵此咒。于四方面五百驿内。诸恶鬼神皆自驰散。诸恶星曜及诸天魔不敢侵近。若持诵余一切真言恐不成就即用此咒共余真言。一处同诵持之决定成就。若不成就及无现验。其咒神等即当头破七分。是知此咒能助一切真言疾得成就。或别持此咒亦得（广如文殊仪轨经。末法中一字心咒经说。）

大轮一字咒的重要意义

一、咒语的发展形态演变：强迫型（古法）；崇拜（献媚）型、仪式型；忏悔型，咒神等即当头破七分。

二、满一切之愿，诸恶鬼神皆自驰散。

三、助一切真言疾得成就。

备注：

上述六字准提观概要内容皆是《显密圆通成佛心要集》古文内容。若有不理解的内容，请阅读《显密圆通成佛心要集》直译白话文。

准提法六字准提观讲义

什么是结界？我们都看过西游记，孙悟空在出去采水果之前，拿如意金箍棒在地上划一个圈，然后唐僧、八戒、沙和尚只要呆在这个圈里面就安全了。邪魅鬼神进不去这个圈儿，只要不出这个圈儿就是安全的。这就是结界。

准提法诸咒的念诵顺序，嗡蓝，嗡啮临，嗡么抳钵讷铭吽，然后是准提咒和大轮一字咒。最前面是嗡蓝，净法界真言，起清净作用的，它最重要的作用是清净自己身体，清净环境。

清净完了之后就要保护这个身体，保护这个环境。第二个咒是嗡啮临，就是护身和结界咒，结金刚界保护这个环境。它和嗡蓝是相辅相成的，嗡蓝使我们的身心清净，嗡啮临使我们身心处在一个安全的平静的环境之中。所以第二个咒既是护身咒又是结界咒，嗡啮临就是又护身又结界。这个咒的功德说得非常清楚，"若诵此咒能灭五逆十恶一切罪业，能除一切种种病苦灾障恶梦，邪魅鬼神诸不祥事，都可以遮止。并且能成办一切胜事，令一切所求的愿望都能圆满，此咒是诸佛之心，若人专心诵一遍能守护自身，一切鬼神天魔不敢侵近，诵两遍能守护同伴，诵三遍能守护一宅中人，诵四遍能守护一城中人，乃至七遍能守护四天下人。"因此，嗡啮临，这个咒的功德殊胜，既可起到护身又可起到结界的作用。

在《显密圆通成佛心要集》（以下简称《心要》）中提到两种护身方法，和两种结界的方法。结界就是结金刚界，结界就相当于我们盖了一座房子，这座房子对我们起保护作用。念咒是一种护身和结界的方法，还有一种护身的方法是吽字金刚拳护身法。右手握金刚拳印自己的五个部位，口中念吽字，实际就是在自己的身体上画了个十字金刚杵。方法就是握金刚拳，先印自己的额上，然后是左肩、右肩、心上、喉部，最后到顶上把手印散开，起到护身作用。这个吽字护身法不仅可以持诵之后用来护身，持诵之前也可以用。

课前课后都可以用，灵活一点儿，平时走路也可以用，我们觉得有些环境不好，不干净的话，就可以用金刚拳先印五处，再经过那个地方。这是一个很好的方法。

《心要》中结界的方法也有两种，道大师给我们讲了这两种方法。一种是念咒，嗡齿临，这是本咒的功德。另一种就是香水法。什么是香水法呢？就是我们拿干净的水一碗，之后用准提咒咒碗中水21遍，撒到上下前后八个方向，这样就自然形成金刚界了。在这个环境中修行承办佛事不会受到鬼神的干扰。

在诵完嗡蓝、嗡齿临之后，按照道大师安排的准提法修行次第，我们要诵六字大明咒。"嗡 么 抳 钵 讷铭(二合) 吽"，道大师把六字大明咒放在准提咒之前，是有一定原因的。

六字大明咒的功德如下："若诵此咒随所住处，有无量诸佛菩萨天龙八部集会，又具无量三昧法门，诵持之人七代种族皆得解脱，腹中诸虫当得菩萨之位。"在律藏中有这样的记载，"若学咒腹中虫病"。这是什么意思呢？就是我们持咒，腹中虫子会病。那从大乘的另一个角度来讲，我们持咒的话，腹中虫是有反应的，会超度它们往生极乐世界。

"是人日日得具六波罗蜜圆满功德，得无尽辩才清净智聚，口中所出之气触他人身，蒙所触者离诸嗔毒当得菩萨之位，假若四天下人，皆得七地菩萨之位，彼诸菩萨所有功德，与诵六字咒一字功德等无有异。此咒是观音菩萨微妙本心，若人书写此六字大明，则同书写八万四千法藏，所获功德等无有异，若以金宝造如来像数如微尘，不如书写此六字中一字功德，若人得此六字大明，是人贪嗔痴不能染著。若戴持此咒在身者，亦不染著贪嗔痴病，此戴持人身手所触眼目所睹，一切有情速得菩萨之位，永不复受生老病死等苦。说此六字大明竟，有七十七俱胝佛，一时现前同声说准提咒，即知此六字大明，与准提真言次第相须也"。这是出自《大乘庄严宝王经》。

准提咒和六字大明咒是如何次第相须呢？当我们诵六字大明咒的时候，准提菩萨就用准提咒给我们加持灌顶。我们的虚空之中就有无数准提菩萨，七七俱胝准提菩萨用准提咒给我们灌顶。

诵准提咒的时候，尽虚空遍法界也有无数观世音菩萨用六字大明咒给我们加持灌顶。这就是准提咒和六字大明咒次第相须的功德。

诵六字大明咒的时候可以不用观想，只要诵六字大明咒就自然有如上的灌顶功德和修持功德。若喜欢观想，也可以作如下观想：当我们诵"嗡 么 捉 钵 讷铭(二合) 吽"六字大明咒的时候，可以观想尽虚空遍法界的准提菩萨用光明给我们灌顶，用准提咒加持我们。这是作为一般修行的观想。

我们也可以把上面的圆观，分成两步观想。在我们提供的《显密双修准提法观诵集》的录音中，有六字大明咒的持诵。六字大明咒的持诵分快慢两部分，录音中会发现有念诵得比较慢的和念诵得比较快的各一段，也就是说六字大明咒可用两种方法、心态来念诵，慢念以慈悲心相应，快念以欢喜心相应。我们先合掌慢念。念诵的时候要观想观世音菩萨在我们面前发光，把我们的身体都照亮了，把无始以来的业力都消除了。可以同时观想自己的父母也在身边，都在观世音菩萨的光明照耀之下，然后以比较慢的、具慈悲心的节奏来持诵六字大明咒。这种方式比较适合共修和组织法会。

慢念时要当心合掌，快念时就分掌到两肩。一手观想持念珠，一手观想持莲花。之后是快念。速度加快，同时观想自己的身体，在光明的照耀下已经变成透明体了，我们的身体、我们自己跟过去的自己，已经告别，旧业消除，得到重生。所以说，由慢念到快念就是过去的我们已经消失，现在的我们已经重生的过程。快念的时候观想自己身体是光明的，是个无漏之身，没有业力了，是个新生命。这是六字大明咒。

在准提咒的持诵过程中，前面有三个咒语，嗡蓝，嗡齿临，嗡么扼钵讷铭(二合)吽，在这三个咒念诵之后，开始正式念诵准提咒。准提咒的持诵往往与大轮一字咒结合在一起念诵，诵一百零八遍。

准提真言如下，

"南无飒哆喃 三藐三菩驮 俱胝喃 怛你也(二合)他 嗡 折隶 主隶 准提 娑婆(二合) 诃 嗡 部林(二合)"。其中"南无飒哆喃 三藐三菩驮 俱胝喃 怛你也(二合)他"这是皈敬辞，正咒是后边"嗡 折隶 主隶 准提 娑婆(二合)诃"。"部林(二合)"咒是大轮一字咒。往往我们为了好发音，在"部林(二合)"前面加一个引音"嗡"。"嗡"是引音。

在准提咒后面，往往加上大轮一字咒一起念诵，加上大轮一字咒的意义非常深远。如果一个人没有实际的修行，或者对宗教的发展、对咒语的发展没有深刻研究的话，是不会明白道大师为什么要加上这个大轮一字咒的。我们先看看大轮一字咒的功德，就是嗡部林的功德。

"大轮一字咒，即部林是也。亦名末法中一字心咒，此咒于末法时法欲灭时有大势力。能于世间作大利益，能护如来一切法藏，能降伏一切天龙八部之众，能摧世间一切恶咒，是一切诸佛之顶，是文殊菩萨之心。能施一切众生无畏，能与一切众生快乐，凡有修持随意得果，同如意珠能满一切之愿望。"

"若诵此咒，四方面五百驿内，诸恶鬼神皆自驰散。诸恶星曜及诸天魔不敢侵近。若持诵余一切真言恐不成就，即用此咒共余真言，一处同诵持之决定成就。若不成就及无现验，其咒神等即当头破七分。是知此咒能助一切真言疾得成就。"

这个大轮一字咒本身具有如同如意珠般的功德。同时它还有两个特点：就是其他的真言怕修不成，可以和它一起修，一起修一起持诵就都成就了。另外它还很严厉，是个咒神监督，如果其他的咒，和大轮一字咒一起念诵的话，若不成就及无现验的话，咒神会得到惩罚。我们都知道准提法是古法，那么古法和中世纪的法以及近代现代的修法还是有区别的。

准提咒加上大轮一字咒它的意义非常深远，使准提咒回归到具有古法的特点。古法具有什么特点呢？我们在学习宗教社会学，学习韦伯对各个宗教各个咒语的研究过程中，我们知道可以把巫术、咒术，这一切宗教的修持方法从发展上来分成几种类型。一种咒术是强迫型的咒术，另一种是崇拜献媚型的，再有就是仪式型的，最后发展成忏悔型的、卖罪型的修行方法和咒术。

什么是强迫型的咒术呢？人类社会刚开始发现咒术的时候，这个咒术都属于技术型，它是强迫所说的一些自然的神、天来为人类办事，只是掌握了一种技术。比如说我们古代能够治水的大禹，他在无意间发现了一种禹步。什么叫禹步？大禹的禹，迈步的步。只要按这个步伐一走，好，后面的石头都跟着走。那无论是谁，只要按这个步型一走，那么后面的东西都跟着走，所以说禹步很厉害，这是一种技术，跟一个人修持没有关系，只要我们掌握了技术，就有强迫神仙强迫天神的能力，为我们来办事，就像唐僧的紧箍咒。那么古代古法都有这个特点，都是强迫型的，强迫天神为我们人来做事。这是强迫型的咒术。这种强迫型的咒在发展到一定阶段反而变成崇拜型的。什么是崇拜？我们只有通过对天神献媚，给他送祭品，供品干净合格，他才给我们办事，这咒术才灵验。也就是从强迫型发展到祭祀型。

这种崇拜和献媚是有原因的，因为出现了专门脱离生产的祭祀阶层，天神不需要，祭祀者或祭祀阶层这些人需要。这是祭祀的要求，这和咒术本身是没有关系的，这是社会发展的一种形式与咒术结合，同时也关系到宗教团体的利益和发展。因此，咒术是一种修持，只有有修持的人，咒术才有效果。

但是随着社会发展，这种修持没有达到人们的需要，人们就对修持产生怀疑。之后，戒律就出现了。祭祀者，把咒语的不灵验怪罪到人民身上，认为修法的人或求事情的人，不干净或戒律不清净，咒神怪罪或不愿意来。这样无论好坏都与施法的人没有关系了。

只是崇拜和献媚也不能满足人们的要求，咒术和法术就发展成一种仪式型。我要设置坛城，在坛城设置过程中我要讲很多戒律，如果任何一个人不按我这戒律来办，那么我都说我这个坛法没有修好，是你的原因，你的错误。这样就把行法者不灵验的原因加到参与者的身上了。有利于巫师、咒师和施法者对社会进行统治。有利于祭祀阶层或宗教教团的发展和管理、统治。

很显然技术型的咒术，发展到仪式型，它的形态和本质已经发生了变化。显然它的灵验度也会降低，但是它的圆融度得到提高。就是无论修好修不好，这个责任都怪不到神身上，也怪不到传法者身上，都怪我们没有守好戒律或者是我们前世的问题。

说到我们前世的问题，这就是说明咒术再发展成卖罪型、忏悔的咒术了。无论我们怎么修，无论传法者的素质多差，没有修好的主要原因，最后都变成是因为我们罪业深重。这种忏悔型的法术和咒术，它还更加圆融，把所有修不好的责任都推到学法者、受法者身上。所以说从社会的圆融性上来讲，这种卖罪型的法术、咒术是最容易教的，持咒就为了消除业障。只有消除业障才如何如何。

发展到中世纪末期，这种咒术体系是最圆融的。无论怎么修，没有感应，对我们没有帮助的话，这个原因都是我们自己造成的，因为我们罪业深重。我们要卖罪，要忏悔，因为都是我们的错。我们要认罪。社会圆融性大了，修法的法力就会小了。

因此，大轮一字咒它的意义非常大，加上"嗡部林"咒之后，使那些忏悔型的咒和仪式型的咒，或者是献媚崇拜型的咒都回归到古法上，就是技术型的咒，强迫型的咒。不是我念咒时献媚你，不是。而是我念咒强迫于你，这个事情只要我念咒，你就必须帮我来做。不做的话，咒神当即头破七分。

所以说我们就知道为什么准提法是古法，为什么这个大轮一字咒很重要。它把所有咒术上，那些由于社会发展而强加在咒术上的一些暗示去掉了，使这个咒变成纯纯粹粹的古法，咒术就是咒术，不包含其它的，真言就是真言，杂密才是真正的纯密，没有什么不好的。

佛家把准提咒放在十小咒里，早课里也有，其他各个门派也都在修准提咒，甚至道家也在修准提咒。道家认为准提菩萨是什么？是斗母，是七星之母。修了灵不灵，也灵。准提法可以突破宗教性的。

古法就是纯技术型的。如果加上"嗡部林"咒的话，那就会使准提咒的功德、性质向前推几百年、几千年，甚至把它推到真正的最原始、最纯朴的古法类型上。因此它对坛城的要求不高，它对戒律的要求不高。它不需要我们去忏悔，这都不需要。只要持诵它就会有感应，这就是准提菩萨的功德。那我们从这里就更能对准提咒心生敬仰，能够真正把准提咒作为一个技术来修持它。

只要加上大轮一字咒，就可以助一切真言速得成就，满一切愿，诸恶鬼神皆自驰散。而最重要的功德，只要加上大轮一字咒，如果这个咒不灵验的话，这个咒神当即头破七分。所以说准提法是威猛的法，因此加上大轮一字咒的意义，从理论上分析它的意义是非常深邃的，并不是一般人能理解的。

道大师一生的修行，以契丹国师的身份，最后把密教的咒法归结成这几个咒，他这种排列方式，念咒的前后顺序，并不是像我们想象的那样只是简单的叠加，其中包含了很深刻的道理。

这个道理只有我们深入修行之后，深入经藏之后，才能发现，道大师对《显密圆通成佛心要集》——准提法修行的五个咒的安排，并不是像我们想象的那样简单排列组合，其中包含着很多的道大师对准提法的理解，对准提咒的理解，对准提咒实践的一生经验的精华的总结。道大师正是希望我们站在他的肩膀上，继续修行准提法，把准提法门真正地发扬光大，成佛利生。

初级课程第二旬试题

1.《心要集》中有几个护身咒？

2.念诵六字大明咒不用观想可以吗？

3.准提咒可以护身吗？

4.金刚拳印都在什么时候用？几种用处？

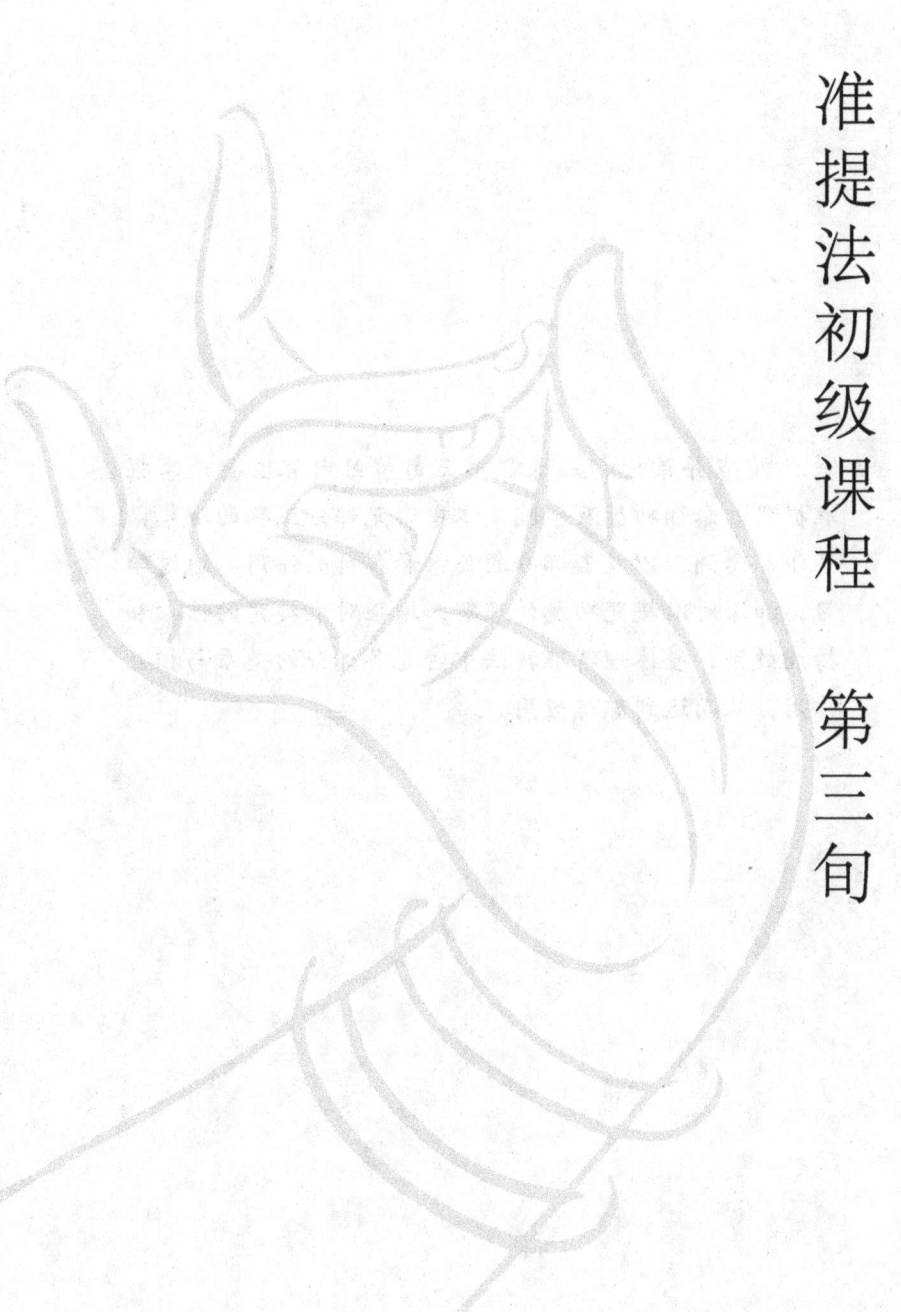

准提法初级课程　第三旬

重点导读：初级课程第三旬学习内容主要是掌握准提咒的念诵功德及学院法本中密咒部分正确的观想、手印、念诵，以及各部分的关系和各自的作用。通过学习，加深对准提咒功德的理解，增强对准提咒的信心和持诵效果，整体理解准提法中密咒各部分的关系与相互作用，从而达到熟练应用。

准提咒念诵功德及修行概要

一、准提咒的功德

"佛言此咒能灭十恶五逆一切罪障。成就一切白法功德。持此咒者。不问在家出家饮酒食肉有妻子。不拣净秽。但至心持诵。能使短命众生增寿无量。迦摩罗疾尚得除差。何况余病。若不消灭无有是处。若诵满四十九日。准提菩萨令二圣者常随其人。所有善恶心之所念。皆于耳边一一具报。若有无福无相求官不遂贫苦所逼者。常诵此咒能令现世得轮王福所求官位必得称遂。若求智慧得大智慧。求男女者便得男女。凡有所求无不称遂。似如意珠一切随心。又诵此咒能令国王大臣及诸四众。生爱敬心见即欢喜。诵此咒人水不能溺。火不能烧。毒药怨家军阵强贼。及恶龙兽诸鬼魅等皆不能害。若欲请梵王帝释四天王阎罗天子等。但诵此咒随请必至不敢前次。所有驱使随心皆得。此咒于南赡部洲有大势力。移须弥山竭大海水。咒干枯木能生华果。何况更能依法持诵。不转肉身得大神足往兜率天。若求长生及诸仙药。但依法诵咒。即得见观世音菩萨或金刚手菩萨。授与神仙妙药。随取食之即成仙道。得延寿命齐于日月。证菩萨位。若依法诵满一百万遍。便得往诣十方净土。历事诸佛普闻妙法得证菩提。"——摘自《显密圆通成佛心要集》

学院对咒师和教授师的要求是熟记准提咒的功德，熟记的方法就是经常读诵，最好一天读诵一遍。对咒的功德记得越牢，对咒的殊胜处就记得越深，持咒的效果就会相对更好一些。

学院对咒师课程的安排，加了许多对准提菩萨和对准提咒的赞颂。这不仅仅是一种感恩，更是对修行有莫大好处的方法。学院《显密双修准提法观诵集》中，有很大篇幅是憨山大师的准提赞颂，龙树菩萨的准提皈依赞。"准提功德聚，寂静心常诵，一切诸大难，无能侵是人，天上及人间，受福如佛等，遇此如意珠，定获无等等。"这也表明准提咒是印度和中国很多大德所共修的法门。

准提咒的功德具有圆咒的特点。一咒的功德即包含无数佛咒的功德，总含25部佛咒的功德。所以在《心要》中，道大师由此推导，我们对所有咒功德的赞叹，其实都是对准提咒的赞叹。《心要》的后面还论述了持咒的十大功德，无非也就是对准提咒功德的一种论述。

学院专门有一个视频课程，对十大功德的每一个功德都进行了详细的讲解，这些内容是穿插到各旬的课程里面让大家慢慢体会学习的。

一护持国王安乐人民门，二能灭罪障远离鬼神门，三除身心病增长福慧门，四凡所求事皆不思议门，五利乐有情救脱幽灵门，六是诸佛母教行本源门，七四众易修金刚守护门，八令凡同佛如来归命门，九具自他力现成菩提门，十诸佛如来尚乃求学门。这十种功德都是准提咒所具有的。

《心要》中提了一个问题，这个问题是道大师替我们问的，也是修行人经常提到的问题。

问："持多个咒成就得快，还是一个咒成就得快？"

"专诵一个咒成就得快。"这就是道大师提倡的。

问："为什么如此多的咒我们专挑出准提咒来持诵呢？"

道大师说了三个原因，第一、准提真言总含一切真言，准提能含诸咒的功德，诸咒的功德不能包含准提的功德，就像大海能摄百川，百川不摄大海一样；

第二、准提坛法人易成办，但以一新镜未曾用者，即是坛法。不同余咒建办坛法，须得拣择净处，香泥涂地广造佛像，多用供具方能成就。有些坛法是非常复杂的，需要掘地七尺，香泥铺地，而且对参加的人也都有很多的要求，所用的财物不是一般人都能够办到的。

准提咒的坛法就很简单，只要我们有一面没有用过的镜子，于农历十五日夜咒镜一百零八遍，我们的坛场就建成了。当然我们不要因为准提咒坛法易建，就省去了可以做的事情。如果我们自己财物丰足，能够广造佛像多造供具，于准提像前安置镜坛，那么对镜持诵可以说是更好，更妙。

第三、准提不拣染净得持诵故，不问在家出家饮酒食肉有妻子等皆持诵，不同余咒须要持戒方得诵习。

有些咒语要求很多，比如说楞严咒，建楞严坛的时候有这样一个要求，如果建坛所有人中有一人持戒持得不好，那么整个坛城，整个持咒修行都成就不了。

准提菩萨慈悲，看到末法众生的实际情况。准提咒就破除了因戒律引起的修持效果不佳的弊端。这是准提菩萨的慈悲，也是准提咒三大特点的一大特点。能够提高我们修行的质量，使我们修行的效率得到提高，同时也降低了佛教修行的门槛，让更多的人受益于佛教，不被有些做不到的戒律挡在门外。

有些咒语，如果某一天因为放逸或工作需要，如有时候我们需要出去应酬，违反了某些戒律的话，那么这一天都不能修行。但持诵准提咒无所谓，因为准提咒本身就有清净除障碍的功德。准提咒无论什么情况下，只要修行，准提菩萨都来加持。

这是准提咒的三个特点，因为有这样方便、慈悲、究竟的功德。因此道大师选择了准提咒。正是道大师看到我们末法众生的无奈，才选出的准提咒。

为什么无奈？因为我们"俗流之辈，携妻带子饮酒啖肉是我们的常业。虽有僧人的开示，习性其实很难改。有的人口上说是改，其实内心的习性是很难改的。如果不用这个不思议的救度方法，不用准提咒这样染净不二的救度方法，如果想脱离生死是很难的。当然能够斋戒清净，依法持诵的话，那就更好。"

一般的理解是，对于初学我们可以劝他一心持咒，持咒之后马上得到感应。得到了感应，他就会从体验上对准提咒、对佛法有一定的信心。之后再深入经教，增加理性，这是一个度人极其方便的方法。这只是一种简单的肤浅的理解，其实准提咒的内容不是这么简单的。

准提咒并非好多人浅薄的认为它是方便法。准提咒是究竟法，对我们末法众生，"携妻带子饮酒啖肉修行的众生"来讲，准提法就是究竟法，因为它是实用法，我们真正能受益的方法。因此，我们要熟记准提咒的六大特点，六大优势。

1.解行和合：依显教修行，需要依教生信、依信生解，依解起行、行成得果。只有解圆行圆，果才圆。如果解偏了行偏了，果就偏。

准提咒不存在这个问题，准提咒不用生解，不用理解，但诵持之便得道果。如果系统学习俱舍、唯识、中观、禅宗、天台、华严思想，没有5年、10年的全职学习是学不完的。好多初学、在家居士没有充足的时间、精力和智慧去理解这些经典的理论，所以对居士修行最好的方法，就是不用明白太多的佛教理论，只要了解部分持准提咒的功德和感应事迹就可以修行。持咒的当下自然俱足了教、信、解、行、果。当下俱足，而不是阶梯性的俱足。所以叫做：解行和合。依显教，须得依教生信、依信生解，依解起行、行成得果。今准提咒不令生解，但诵持之便得道果。

2.入世圆融：在世间的名利富贵追求中，圆满自己的法身慧命，因持诵准提咒所求之事尽得遂心，一切罪业亦得消灭，自然能够超凡入圣。准提法能够满足人们世间的愿望，那么这个满足世间的愿望跟我们过去所知道的，"先以欲勾牵，令其入佛智"还有更深一层的意思。它不是简简单单以欲勾牵，令人入佛智。它是一味药，在我们成就名利富贵的同时，我们出世间的成就也就"同时"，要注意强调这个"同时"就成就了。而且我们出世间的法并不是与世间法分裂成两部分的。不是我们在获得名利富贵之后再去修学，而是获得名利富贵的同时就圆满了自己的法身慧命。它是一味药。因此这一点我们要很好的理解。一种是先吃一口糖，再吃一口药。而准提咒是糖里面裹着药，吃糖就是吃药。

准提咒不可思议，持准提咒在世间的名利富贵追求中，圆满自己的法身慧命，比如我们发愿持诵准提咒一万遍，回向让自己的朋友身体疾病得到康复或自己的生意更好些，那么不仅我们的世间愿望得到满足，而且这一万遍准提咒的出世间功德也同时具备，不会因为我们回向的是世间功德而减少。

3.易修易成：易修是指没有戒律的门槛，准提咒不拣染净得持诵故，不问在家出家饮酒食肉有妻有子等皆持诵，不同余咒须要持戒方得诵习。易成有二层意思，一是这种随时随地的修行，可以快速积累修法的功德，对于自身的成就易成；二是无论我们是初学还是老修行，都可以用准提咒来帮助别人回向，让他们所求如意。这是易成的。因为我们是通过念诵准提咒请佛母和护法来帮助他，是他力成就。有时候和我们自己的修持好坏无关，所以更加广泛和容易成办。

4.无需传承：此法广传普传，依经依本念颂即可，佛母自然加持，修持人与佛母之间不需要中间的司法传承者或灵媒。不同余宗只有依上师可学，而准提法人人可修，人人可传。

我广泛地学习了多个传承的准提咒，有禅宗法师传承的，有民间传承的，有密宗格鲁、宁玛、觉囊传承，还有道教的准提斗母法等各种传承。从1994年到2004年十多年的求法和修法历程中，花费了很多的时间和精力，也走过一些弯路，也学会了智慧选择。对比来讲，真正系统的准提法就是道大师《显密圆通成佛心要集》的准提法，这种普法的传承最适合现代众生，这方面我们有很多论文和文章论述，详见学院网站（https://www.facebook.com/deming.gao.10）。

此法广传普传，依经依本念诵即可，佛母自然加持，修持人与佛母之间不需要中间的司法传承者或灵媒。不同余宗只有依上师可学，而准提法人人可修，人人可传。高七师曾有一个学生学准提咒时间并不是很长，学了一个月就说："老师呀，我可不可以教准提咒？"高七师说："可以呀，你当然可以教呀。"这个学生是做销售的，人脉很广，教了很多人准提咒。过了六个月，一看原来二百一十斤的体重现在减到一百六十斤了，形象也好了，说话念咒念得声音也低沉了，人也很有魅力，事业有了很大的飞跃。大家都认为他销售的产品好，实际上是准提咒修得好，法布施功德大。

5.诸咒总持：准提咒，总含一切诸真言故，一切真言，不能含准提，如大海能摄百川，百川不摄大海。修习准提咒，所有咒的功德、体用全部可得，就像如意宝，随心所用。并可以和任何一法同修而无障碍。

6.坛法易办：若求息灾息病、增财增慧、怀爱聚人、破除障碍而做坛法，但以一新镜，未曾用者，便是坛法。简单易办。

这是准提咒的六大特点，我们一定要熟悉，熟知，深入理解准提咒的六大特点，只有全面了解这六大特点，才能说是"行持任在一门"。因为我们对这一门能够深入的理解了，知道了它的优势，才能真心的一门深入。

学院三个不同专业的学员，在学习过程中要掌握如下的要领和技巧：

事业师：对所学的东西略知大意就可以，学习到它的核心主要内容，把这个意思理解好，听清楚学明白。

咒师：要注意掌握所讲内容的实用部分，因为所有的课程、所有的经典都是由几部分组成的。第一部分是旁通，通过引经论证说明这个方法的好处，它的好处在哪儿，为什么这个修法好；第二部分是对这个修法的解释；第三部分一般才讲到实际的方法。对咒师来讲，重点要放在实用部分，如何修行，如何观想这一部分。

教授师：不但要掌握实际修行方法，对旁通、对所讲内容的引经论证，所讲内容核心部分这些内容，要求能用原文来说明，而且要尽量能贴近自身修行经验来旁通。对经典来讲，能用现代语言深入浅出的解释。这样才能达到教授师的要求。

我们要知道学习不同专业，对同样的课程听课的角度也是不同的。

二、关于念诵方法

上来次第持诵至准提咒。若不能结得准提印者。但以左手作金刚拳印。右手持珠诵之。或不能从前净法界真言等次第持诵者。只持准提神咒。更或根钝不能具受此准提者。只唵字已下持之。唵字已上是归敬词。唵字等是正咒也。

准提咒的念诵内容：可由简单到复杂。

一、只念咒心

二、全咒

三、六字明、准提咒

四、从嗡蓝开始到准提咒

五、准提圆密修法

六、显密双修精简

七、《显密双修准提法观诵集》

八、设坛修

九、布字修

十、出世修的无漏智身

三、计数方法

正结印诵咒：于自身分手指上记。

或准提菩萨手臂上记。（每十咒一只手臂，每口气一只手臂）加上面部的第三眼和心轮、顶佛。或于观心上记。（咒轮的每个字几遍）或十记皆得。（十口气，十句一记）

或结印诵得一千八十遍更好。（看时间，燃香的时间来计算）

或一百八遍。但以左手作金刚拳印。右手掐数珠持亦得。

若务忙者：只散持之（但是别忘了回向）

一无数持诵。谓不持珠定数。常无间断持之。

二有数持诵。谓掐数珠每日须得限定。其数不须阙少。(若掐数珠所获功德诸经广赞。如数珠功德经说。若有人手持数珠。虽不念诵佛名及陀罗尼者。此人亦获福无量。又金刚顶念珠经偈云。若安顶髻净无间。由戴顶上灭四重。手持臂上除众罪。能令行人速清净。又一字顶轮仪说。若用蓝字真言加持数珠七遍。用持课时。一遍成千遍。若掐数珠至母珠却回。不得越过母珠。)

出世间法计数：

又行者不须苦节劳形。恐心神散乱。于行住坐卧四威仪中。皆得三密修习。于见闻觉知唯观 ﬗ 阿字(于一真清净法界亦常作观行)。依前次第轨仪持诵至准提真言。从头无记无数专精念诵。勤策身心不令懈怠。

四、准提咒的观想方法

谓须得三密相应。一身密结印。二语密诵咒。三意密或想真言梵字。

下面讲观想意密：

（一）不用观想，也可。

（二）观一蓝字在头顶而持准提咒。

又真言行者。每日对镜初欲持诵时。或只依前先想自身顶上有一梵书 𑖌 蓝字。犹如明珠。然后持课。

（三）先观一蓝字在舌上，然后持颂。或舌上想一 𑖌 蓝字。或 𑖙 吽字想竟然后持诵。

（四）观准提菩萨发光（不同的颜色）而持颂。

（五）或缘持诵之声。

（六）或想菩萨手中所执杵瓶华果等物。

（七）字轮观。

但想心月中布字。谓想自心如一月轮。湛然清净内外分明。以梵书 𑖌 唵字安心月中以 𑖓 折 𑖩 隶 𑖕 主 𑖩 隶 𑖕 准 𑖟 提 𑖭 娑婆 𑖮 诃字。从前右旋次第周布轮缘(去声呼之)终而复始。

出入息持。谓出入息中想于真言梵字。息出字出。息入字入。字字朗然如贯明珠不得间断(或息出时。想自心月轮中九圣梵字。字字连环皆有五色光明。从自口中。流入准提菩萨口中。右旋安布准提菩萨心月轮内。若息入时。想准提菩萨心月轮中字。亦字字连环皆有五色光明。从准提菩萨口出。流入自口中。右旋安布心月轮内。如是终而复始。想之甚妙)

（八）灌顶观。

或想自身顶上 𑖌 蓝字。变作三角火轮。从顶至足烧尽自身。遍周法界唯见清净(纵有五无间罪用此字烧身亦皆除灭无遗)次想一梵书 𑖀 阿字生成自身(谓阿字即体是无相法界。从无相法界生成行者之身)复想一 𑖀 暗字。在自顶门十字缝中。(谓暗字即体是十方诸佛。光明法水用灌佛子之顶。此是秘密灌顶法门)然后持诵。

（九）单字观。

想自心如一月轮圆满清净。于月轮中有一梵书𑖌唵字(如来因位多年修道不得菩提。后习此观于初夜分便成正觉。谓唵字具含无量法门。是一切真言之母。一切如来皆因观想此字而得成佛)或心月轮中想一𑖀阿字(谓阿字是毗卢佛身。亦是法界亦是菩提心。若人想念能生无量功德)或心月轮中想一𑖮吽字(谓吽字总摄金刚部一切真言。是金刚部主身。亦是三解脱门。若常想念。能除一切罪障。成就一切功德。)

（十）金刚舌观。

或想自身颈上出大莲华。于莲华上现出𑖀阿字。复想阿字变成月轮。又想月轮变成𑖮吽字。吽字变成五股金刚杵。又想此杵移于舌上。方得名为金刚舌。然后持诵。

（十一）身布字观。

想准提九圣梵字。每一一字有种种光明。安自身分之中。所谓想𑖌唵字安头上。𑖓折字安两目。𑖩隶字安项颈。𑖄主字安于心。𑖩隶字安两肩。𑖓准字安脐中。𑖞提字安两髀。𑖭娑婆(二合)安两胫。𑖮诃字安两足。想安布已然后持诵。(持明藏仪轨经说。若于准提菩萨法中求成就者。先观准提菩萨根本微妙字轮。安自身分一一分明。是人先身所造一切罪业悉得除灭。凡有所求决定成就。安布九字藏经数处说也。)

或有不能想得梵字者。但只专心持诵亦具一切三昧。

（十二）镜坛观。

想成坛法持诵为上。或不能想得坛者。但只专注持咒。

更想一白色圆坛。于圆坛中遍想𑖎嚩字或𑖎鑁字。尊像供具并行者自身俱想在圆坛之中。或于像前只涂拭一圆坛亦得。观准提作白色。

更想一黄色方坛。于方坛中遍想𑖀阿字或𑖀暗字。尊像供具并行者自身。俱想在方坛之中。或于像前只涂拭一方坛亦得。观准提作黄色。

更想一赤色半月形坛。于半月坛中遍想𑖮贺字或𑖮含字。尊像供具并行者自身。俱想在半月坛中。或于像前只涂拭一半月形坛亦得。

观准提作赤色身着绯衣。

更想一青色三角坛。于三角坛中遍想 啰字或 蓝字。尊像供具并行者自身。俱想在三角坛中。或于像前只涂拭一三角坛亦得。观准提作青色。

（十三）出世间法的观想。

行者顶上想 蓝字。变成火轮烧尽自己有漏之身。复想大莲华上有 阿字。生成无漏智身。更想 暗字灌顶已。

又想 蓝字变成大火。烧此有为世界。如同劫火烧尽无遗。但有空寂。

复想建立无为之坛。于最下方遍想 欠字。杂色而为空轮。于空轮上遍想 含字。黑色变成风轮。风轮上遍想 蓝字。赤色变成火轮。火轮上遍想 鑁字。白色变成水轮。水轮上遍想 阿字。黄色变成金刚地。于金刚地上遍想有大莲华。一一莲华上皆有准提菩萨。无量圣众围绕。一一准提前皆有行者自身。一一身各出无量华果饮食幢旛等诸供养具。而为供养。又皆对准提镜坛三密相应。

又行者若无准提像。并华果饮食等供具。但作此观亦得吉祥成就。

一心谛想准提菩萨。具无尽相好光明。于菩萨心月轮中。想有九圣字坛。行者想自心月轮中。亦有九字坛。并自身分中想布九圣之字(心月轮并身分布字如前已说)。

所献华果饮食香烛等。于上息灾增益敬爱三法之中。所说物色皆得用之。行者衣服。但一切新净者皆得作法。就中黄衣最吉。又行者不须苦节劳形。恐心神散乱。于行住坐卧四威仪中。皆得三密修习。于见闻觉知唯观 阿字(于一真清净法界亦常作观行)。依前次第轨仪持诵至准提真言。从头无记无数专精念诵。勤策身心不令懈怠。

五、手印

（一）结准提印当于心上。

准提印法。以二手无名指并小指相叉于内。二中指直竖。相拄二头指屈附二中指第一节。二大拇指捻右手无名指中节。若有请召二头指来去。以准提真言与一字大轮咒。一处同诵一百八遍竟。于顶上散其手印。

（二）若不能结得准提印者。但以左手作金刚拳印。右手持珠诵之。

（三）结印的复杂方法。

次于二手中亦想𑖀阿字。阿字变成月轮。月轮变成𑖮吽字。吽字变为白色五股金刚杵。方得名为金刚手。然后结一切印。

六、发音方法

金刚持。唇齿不动舌不至腭。但口中微动。

微声持。但令自耳闻之。不缓不急字字须得分明称之。

高声持。令他闻之灭罪。

又正持诵未满一百八遍。不得共人语话。若欲语话时。于自舌上想一梵书𑖩蓝字。纵语话不成间断

关于发音：

次诵护身真言二十一遍。真言曰。
唵齿𭒴（二合，唇中五声，伊右嘑之，一曲地，一作佉嘑𭒴法，一作𭒴佉嘑𭒴，皆口合也。）
𭒴通（此是梵书齿𭒴梵字，已于咒宝知之。）
若诵此咒。能灭五逆十恶一切罪业。能除一切种种病恼。
恶梦灾障魔势。邪魔鬼神。扬不祥事。而能成办一切胜事

次诵六字大明真言一百八遍。真言曰。

唵 么 抳 体 讷铭（二合）吽

（一作唵嘛呢叭弥吽。一作唵嘛呢叭𠺶𪘏。）

若诵此咒。随所住处。有无量诸佛菩萨天龙八部集会。又具无量三昧法门。诵持之人。七代种族。皆得解脱。腹中诸虫。当得菩萨之位。是人日日得具六波罗蜜圆满功德。得无尽辩才清净智聚。口中所出之气。触他人身。蒙所触者。离诸嗔毒。当得菩萨之位。假若四天下人。皆得七地菩萨之位。彼诸菩萨所有功德。与诵六字咒一遍功德。等无有异。此咒是观音菩萨微妙本心。若人书写此六字大明。则同书写八万四千法藏。所获功德。等无有异。若以金宝造如来像数如微尘。不如书写此六字中一字功德。若人得此六字大明。是人贪嗔痴不能染著。若戴持此咒在身者。亦不染著贪嗔痴病。此戴持人。身手所触。眼目所睹。一切有情。速得菩萨

《心要集》云：上来诸咒藏中各有数本不同。皆是前后三藏西天诸国语音有异。但依一本诵持无得拣择。寡学之者。多分受一非余呵斥圣贤。寄语后人勿沾斯咎。

实际上，在达到金刚诵后的效果是一样的。

七、姿势

（一）随意坐。

（二）金刚正坐(以右脚压左脚脾上)。

（三）若作息灾法者，交脚竖膝而坐。

若作增益法者，跏趺而坐。

若作敬爱法者，结贤坐。

若作降伏法者，作蹲踞坐左脚押右脚。

（四）若作出世间法者（或全跏坐或半跏坐。或随意坐俱得)于行住坐卧四威仪中。皆得三密修习。

八、显密双修

一上上根也。谓心造法界帝网等观。口诵准提六字等咒。

此有二类。一久修者。显密齐运。二初习者。先作显教普贤观已。方乃三密加持。或先用三密竟然后作观。二类皆得。

二中下之根随心所乐。或显或密科修一门皆得。

1.全心咒

2.咒心

3.全咒

4.多咒

九、光色

（一）若作息灾法者：观准提作白色。所献华果饮食。并自身衣服皆作白色。

（二）若作增益法者：观准提作黄色。所献华果饮食。并自身衣服等皆作黄色。

（三）若作敬爱法者：观准提作赤色身着绯衣。所献华果饮食。并自身衣服尽皆赤色。

（四）若作降伏法者：观准提作青色。或黑色着青黑衣。自身衣服亦皆青色。献青色华臭华不香华及曼陀罗华等。饮食用石榴汁染作黑色。或作青色。

（五）于上息灾增益敬爱三法之中。所说物色皆得用之。行者衣服。但一切新净者皆得作法。就中黄衣最吉。

十、心态

（一）清净心。

初持诵仪轨者。谓真言行者。每日欲依法持诵时，澄定身心方入净法界三昧。

　　（二）若作息灾法者：以慈心相应。

　　若作增益法者：以喜悦心相应。

　　若作敬爱法者：以喜怒心相应。

　　若作降伏法者：以忿怒心相应。

　　（三）若作出世间法者：运大悲心常乐利乐无边有情。

十一、香及供品

　　欲持诵此咒法成就者，于白月十五日夜，清净澡浴，着新净衣，面向东方，结跏正坐，置镜坐前，随意花香净水诸物。

　　（一）供养门。想尽虚空遍法界尘尘刹刹。帝网无尽三宝前。各有帝网无尽自身。每一一身各出帝网无尽供具，所谓香华灯烛衣服饮食幢幡伞盖。璎珞云楼阁云等。每一一身所出供具。各供养帝网无尽三宝。每一一三宝前。有帝网无尽身供养。更想此一门。尽未来际无有休歇。念念相续无有间断。身语意业无有疲厌。（或坐中想此供养。或佛前烧香奉华。华时。暂入此观。或无香华但合掌入此观门。功德亦无穷尽）

　　（二）但以一新镜未曾用者。于佛像前随月十五日夜。面向东方置镜坐前。随力供养花香净水诸物。烧安息香及净水。

　　（三）若作息灾法者　涂香用白檀。烧香用沉水。然酥灯。（无力者。尊像供具衣服。但运心想之亦得。下准此知之）

　　若作增益法者。涂香用白檀加少郁金。烧白檀香然芝麻油灯。

　　若作敬爱法者。涂香用郁金。烧香以丁香苏合香蜜和烧之。然诸果油灯。

　　若作降伏法者。献青色华臭华不香华及曼陀罗华等。饮食用石榴汁染作黑色。或作青色。涂香用柏木。阏伽用牛尿。以黑色华及芥子柏木涂香等。各取少分置阏伽水。烧安息香然芥子油灯。

若作出世间法者。（于金刚地上遍想有大莲华。一一莲华上皆有准提菩萨。无量圣众围绕。一一准提前皆有行者自身。一一身各出无量华果饮食幢旛等诸供养具。而为供养。又皆对准提镜坛三密相应。又行者若无准提像。并华果饮食等供具。但作此观亦得吉祥成就。）

（四）若欲供养佛法僧三宝者。应先于三宝像前。五体投地普礼遍法界无尽佛法僧三宝。口诵普礼真言七遍。真言曰：

唵(引) 缚 日啰(二合) 勿(微一切)

由真言不思议力。自然遍法界无尽三宝前。皆有自身尽皆礼拜奉事也（每至晨昏或入寺礼佛等时。宜诵此真言）。方始以饮食香华等随力所办之物。并盛饮食器物等。皆以普通吉祥印印之(右手拇指与无名指相捻。余三指皆舍散)诵净法界真言。加持二十一遍。真言曰：

蓝

由诵蓝字真言加持及手印力。其饮食器物等。自然清净遍法界也。次诵无量威德自在光明胜劣力变食真言。加持二十一遍。真言曰：

娜 谟 萨 嚩 怛 他 蘗 多 嚩 卢 枳 帝 唵 参 婆 啰 参 婆 啰 吽

由加持力。其饮食等。即变成诸天种种肴膳上味。奉献供养满十方佛法僧三宝。亦为赞叹劝请随喜功德。后结出生供养印（二手当心合掌以十指右压左头指交复安在顶上）。诵出生供养真言二十一遍。真言曰：

唵

由诵唵字真言及印不思议力。自然遍法界有无尽香华灯烛幢旛伞盖衣服卧具楼阁宫殿音乐歌舞等种种诸供养具。尽供养遍法界无量佛法僧三宝诸天等。（若无饮食香华但佛像前手结此印口诵此真言。亦自然有无尽供养。遍供养法界无尽诸三宝也。）

上来供佛利生诸真言等。若不能都各诵持书写得。皆用准提真言亦得。故持明藏仪轨经云。此准提咒似如意珠。若有行人。处处用之皆得成就是也。

十二、饮食

佛言此咒能灭十恶五逆一切罪障。成就一切白法功德。持此咒者。不问在家出家饮酒食肉有妻子。不拣净秽。但至心持诵。

为准提不拣染净得持诵故。不问在家出家饮酒食肉有妻子等皆持诵。不同余咒须要持戒方得诵习。（今为俗流之辈。带妻挟子饮酒啖肉是其常业。虽逢僧人教示。习性难以改革。若不用此大不思议咒法救脱。如是人等何日得出生死。其有斋戒清净依法持诵者。更为胜妙。故准提经云。何况更能结斋具戒。依法持诵不转空身。往第四天。得入神足。是也。。）

每月十斋日，每于晨朝，清净水嗽口，面向东方，诵一百八遍然后吃饮，纵有妻子、不断荤血，亦当成就。每月十斋日，以镜为坛，结印念诵。除十斋日外，不须对镜结印，但于平旦未食荤血时，诵此咒一百八遍。

若作息灾法者　每日三时澡浴三时换衣。至日满时或断食或食三白食（三白食。谓奶酪粳米饭或粥。无力者。尊像供具衣服。但运心想之亦得。下准此知之）

若作增益法者：每日准前三时澡浴换衣。至日满时准前断食及三白食。

若作敬爱法者：每日澡浴断食念诵法准前行。

若作降伏法者：每日澡浴断食念诵法准前行。

十三、方向

欲持诵此咒法成就者，于白月十五日夜，清净澡浴，着新净衣，面向东方，结跏正坐，置镜坐前，随力供养花香净水诸物。

于佛像前随月十五日夜。面向东方置镜坐前。随力庄严诸供养具。烧安息香及净水。然后结印在于心上

若作息灾法者　行者面向北。像面向南。

若作增益法者　行者面向东跏趺而坐。像面向西。

若作敬爱法者　行者面向西结贤坐。像面向东。

若作降伏法者　行者面向南。作蹲踞坐左脚押右脚。像面向北。

若作出世间法者　行者面向东（余方亦得。就中向东最吉。或全跏坐或半跏坐。或随意坐俱得）。像面向西。

十四、遍数

然后结准提印当于心上。以准提真言与大轮一字咒。一处同诵一百八遍竟。于顶上散其手印。结印诵得一千八十遍更好。或一百八遍。

若作息灾法者：若念诵时。前次第持诵至准提咒。诵一百八遍已。后但从唵字诵之。妙言曰唵折隶主隶准提与某甲除灾难娑婆诃。（若为自己于娑婆字上。称自己名及所为事。若为他人。称他人名及所为事）

若欲于此四种法中求成就者。须得预前持诵准提真言。五十万遍或七十万遍。或百万遍而为先行。

唯求出世间。若欲于此法中求成就者。须得预前持诵准提真言。五百万遍或七百万遍。或千万遍而为先行。方作此法定有灵验。

十五、时间

平时每日依法持诵时。须限定其时分。

若一时持谓早晨。

若二时持并黄昏。

若三时持加正午

（若忙务者不拘时分。但有暇时持之）

但于平旦未食荤血时，诵此咒一百八遍。如是不绝四十九日。

镜坛：

于佛像前随月十五日夜。面向东方置镜坐前。随力庄严诸供养具。烧安息香及净水。然后结印在于心上。咒镜一百八遍。以囊盛镜常将随身。

每欲念诵但以镜坛置于面前。结印诵咒。若不能逐日对镜念诵。但于十斋日对镜念诵。除十斋日外不对镜坛持诵亦得。

十斋日者。所谓一日、八日、十四日、十五日、十八日、二十三日、二十四日、二十八日、二十九日、三十日。

若作息灾法者：从月一日初夜时起首。至八日满。

若作增益法者：从月九日日初出时起首。至十五日满。

若作敬爱法者：从十六日后夜时起首。至二十三日满。

若作降伏法者：从二十四日午时或夜半起首。至月尽日满。

若作出世间法者：限四月四日一期之内。

备注：

上述准提咒念诵修行概要内容皆是《显密圆通成佛心要集》古文内容。若有不理解的内容，请阅读《显密圆通成佛心要集》直译白话文。

准提咒念诵观修讲义

准提咒的念诵有个比较简单的方法，如果不结准提手印，可以用左手握金刚拳，右手拿念珠计数，然后开始念诵，这是最简单的正修方法。如不能念诵准提咒的全咒，也可以只念准提咒的咒心，"嗡 折隶 主隶 准提 娑婆(二合) 诃"。这是准提咒的正咒。

下面详细地讲解准提咒的念诵内容，念诵的方法，以及观想的方法，计数的方法，发音的方法，手印的打法，念诵的心态，观想的光色等。这都是《显密圆通成佛心要集》中，准提法修法的系统化的荟萃精华。

准提咒念诵的内容，是念全咒？念心咒？还是显密双修？其实有一个从简单到复杂的过程。前述左手握金刚拳，右手拿念珠计数，之后开始念诵。这是准提咒最简单的正修念诵方式。

最简单的念诵内容就是念咒心，"嗡 折 隶 主 隶 准 提 娑婆(二合) 诃"，这是准提九字，梵文是九个字。"嗡 折 隶 主 隶 准 提 娑婆(二合)诃"，念此咒心108遍或1000遍以上，念诵结束，加上一个简单的回向，比如"嗡 折 隶 主 隶 准 提（愿我的父母身体健康）娑婆(二合) 诃"，就可以了，非常简单。持咒心、回向、发愿都结合在一起了。

一般在初学的时候，都是念咒心。念咒心有什么好处呢？在《准提法问答集》中有详解。咒心比较容易学，对于不信佛的人、临时抱佛脚的人，他们学起来又方便又简单，而且很快又能得到应验。

比如说临时抱佛脚的人，若是生活上、身体上有什么困难解决不了，即使他有些犹豫，甚至内心有疑惑，如果教他这个方法，在他的困难没有什么好的方法可以解决的情况下，他也能够尝试着来念诵准提咒，准提菩萨也能够加持他。这种情况，我们给他的咒太长，他会知难而退，因此还不如只教他咒心。

对于不信佛的人也可以教念。学院有个学员是卫生所所长，他就跟患者说这是语音疗法，实际上是准提咒。不信佛的人也可以念，让他念全咒他福报不够承受不了，最好就教念这九个字"嗡 折 隶 主 隶 准 提 娑婆(二合) 诃"，效果会非常好。咒心有咒心的优势，全咒有全咒的的好处，大桶小桶皆提水，河中打水大桶得力，井中提水小桶方便。大家都可以传准提咒，人人都可以教这个咒心。又简单又好学。这是咒心。福报好的，可以念全咒：南无 飒哆喃 三藐三勃陀 俱胝南 怛侄他 嗡 折隶 主隶 准提 娑婆诃。

第三个方案，可以先念108遍六字大明咒再念准提咒。

第四个方案，从嗡蓝开始一直念到准提咒，这是最完整的准提咒的念诵内容。从嗡蓝开始，嗡啮临，六字大明咒，准提咒，全部按照《显密圆通成佛心要集》上，准提咒的修行次第来念诵。这是属于密修准提法。也就是进入系统化的修行阶段了。

如果我们要显密双修，可以按照学院《显密双修准提法观诵集》来修，或者是按照《显密双修准提法观诵集》的精简版来修行，把《普贤行愿品》和普贤观、帝网观加进来。

有些人对持咒缺少信心和理解，可以让他从《普贤行愿品》的念诵开始，也就是先修显。《普贤行愿品》念诵到一定阶段，积累了一定福报，再给他介绍准提咒的时候，他有可能才会接受。可以先修显，也可以先修密，这不一定绝对，但最后都要显密双修。显密双修到一定阶段，可以结坛来修行准提法。再修到一定阶段，我们可以修布字法。什么是布字法？就像心月轮布字，镜坛布字。我们在身体的九个部位来布字修，这个层次内容又复杂了一部分。出世修法的内容和形式比入世修法更复杂，我们准提法的观修，分五个层次的念诵，五个层次的观想，层次分明，系统规范，对自己修得如何很好判断，对下一步的修行方向要求是清楚可循的。

准提咒的修法从内容上来看确实是由简单到复杂的过程，但它不是由低到高的过程。这些方法都是平等的，虽然从内容上看是由简单到复杂的过程。但是班主任老师会根据我们的情况，配合准提法的五层观想，帮助我们找到适合的方法，对于学院的咒师专业，要求从密圆修起，每天保证最少有半小时到40分钟的修行时间。

准提法不拘形式，怎么都可以，虽然学院的课程大纲中给出了十种《心要》中提供的修行准提咒的方法，但大家不要有负担。能明白什么方法就用什么方法来修，没有什么是最好的方法，适合我们现在情况的方法才是最好的修法。哪怕我们只持咒不观想都可以，修到一定的时期，再慢慢加上观想。我们能理解到什么程度，时间能安排到什么程度，我们就按什么程度来修，这是最好的办法。

学院修法的法本《显密双修准提法观诵集》为准提法的修行，提供了三个版本，我们可以根据自己的情况来选择，看适合用什么版本来念诵和修行。高七师于2019年在福建北山寺，对《显密双修准提法观诵集》进行全面详尽开示，读者可直接研读附录七——《显密双修准提法观诵集》的念诵方法和相关事项。

准提咒的计数方法

计数的方法在《心要》中一共讲了8种方法。

第一种计数的方法是于自身的手指上计。可以念十句或者念一句，在自己手指计一下。这个方法一般是在没有机会拿念珠散念时，或在其他特殊的情况下用自己的手指来计数。也有人喜欢是用自己的左手计百位数，右手拿念珠。右手念一圈108遍，左手掐一根手指，这样就能够知道自己什么时候念到1000遍了。

第二种，也是应用得最多的计数方法，一般是在准提菩萨手臂上计。我们知道准提菩萨有18臂，念1圈咒计1只手臂，18臂念完之后，这个念珠就已经念了18圈了。如果我们打着手印，不拿念珠的话有两种办法。一种办法，念一口气移动一只手臂，一口气是念了多少咒这在我们自己的习惯中应该是有数的，这样就达到了计数的目的；或者我们念一遍或十遍目光移动一只手臂也都可以。

这个计数方法很好，好就好在我们在看准提菩萨手臂的时候，也起到了观想的作用。计数的同时又修行了对准提菩萨的观想，因此学院做了一个视频，就是对准提菩萨的十八臂的功德赞叹，叫《准提菩萨红光观》，我们可以找来看看。

第三种计数方法在自己的心上来计。有一种观修方法，就是观自己的心间这个位置，有准提咒的咒轮，九字梵文咒轮。一个字念十遍，9个字一共是90遍等等，这样就把数目计下来了。

第四种，十记皆得。什么是十记皆得呢？念珠有108颗的，也有10颗的。用10颗的念珠，对思想容易散乱的人有帮助，就是我们少打妄想。因为念10句准提咒就念到佛头了，到佛头的时候，相当于一个二我的反观。可以想：现在他在做什么？也可以同时在念到佛头时有一个回向。所以初学用短一些的念珠，可以及时地观照自己。倒一次珠就停顿一下，停一下我们的心就回光一次。这样，即使有妄念也会被拉回来，不会跑得太远。

第五种，结印诵得108遍的计数方法。我们结印可以看准提菩萨手臂，但是如果没有准提菩萨像怎么办？可以通过念诵的时间来计算数目。每个人念咒的速度都是稳定的，我们可以先拿念珠计算一下，10分钟一共能念多少。比如说20分钟我能念多少准提咒，或者15分钟可以念多少，或者念诵108遍需要多长时间。这个数定下来之后，我们就可以只看时间了。古人的方法是看香，我们的安息香，一柱香是15分钟，30分钟或40分钟，修法前，就把香点上，修法时不用计算数目，全心用在观想上就可以了。一看香就知道自己念了多少咒了。

现代社会，我们一般不去烧柱香，因为柱香有一些不安全的地方。现在一般都点卧香，卧香就很难看出香的长短变化，我们用手表或是计时器来代替香的计时作用，通过时间就能知道自己念了多少。

一般，结手印时基本上是用计时的方法。

不结手印就拿念珠来计数，这样更方便一些。左手握金刚拳，右手拿念珠，计数就可以了。拿念珠计算的方法比较方便，在什么地方都可以用。

可不可以不计数呢？不用计数来持，这要看是在什么情况下。对学院学员的要求：每天早上的定课是计数的，平时的散念可以不计数。我们的念珠在念之前可以用蓝字加持念珠7遍，之后再拿这个念珠持诵。经上记载这样持诵一遍就有千遍的功德。另外，这样加持过的念珠念诵的时候，最好不要念过念珠的佛头。

出世间修行不用计数，从头无计无数，就专心持诵就可以了，行走坐卧也不要求。出世间一般不要求计数。就是无计无数，尽量不间断就可以了。上面讲了8种计数方法，我们觉得自己用什么计数方法方便就用什么计数方法，并没有一个好坏的关系，适合我们的才是最好的。一切由自己来定。

准提咒的观想方法

念诵准提咒时，不用观想完全可以。只要我们每个咒认认真真地来念，了知当下自己在持咒就可以了。只持咒亦得，但长期修行还是要慢慢加上观想的。

我们不要认为不观想层次不高，这不一定。得看我们修行在哪个阶段。由不观想到观想，再发展到不观想，修到一定程度还要反过来，还要转到不观想或不观而自观的任运状态。因此我们在法会的共修中和中级班以上的教学课程中，还要讲准提咒咒心的法身、报身、化身三身成就的持诵方法。这种持诵方法就不需要观想了。所以说观想也好，不观想也好，都没有层次高低的问题，只是有内容简单复杂，逐步发展的问题。

第一种是可以不观想只持咒，了知当下在念咒就可以了。

第二种是观蓝字在头顶上而持诵。正如《心要》所说，"每日对镜初欲持诵时"，或只依前先想自身顶上有个蓝字。犹如明珠。然后持诵。第二种持诵方法要记住是边持咒边观想，就是边持准提咒边观想头上有个蓝字在发光，在照着我们。

第三种是观想蓝字在舌上，然后持诵。这种持诵方法是先观想，观想个蓝字，然后持诵。持咒的时候不用观想。

第二种和第三种还是有点区别的。第二种观想方法我们觉得观蓝字是最简单的，有利于初学，有些人观想其他的光明比较费力，那么可以就观想一个蓝字，这样既简单效果又好。

学院一般提倡先观蓝字修行，因为蓝字既能清净自身，又能守护自身，又能对治各种修行中出现的好的、不好的境界，所有问题都可以用蓝字对治解决。因此刚开始修行的人，观蓝字修行是一种比较简单、合理的选择。

第四种是边持诵准提咒边观想准提菩萨发光，照耀着修法人。比如说我们求的是息灾，求的是身体健康，那么就可以观准提菩萨发白光；如果我们的愿望是属于增财增智慧类型的，就多观想准提菩萨发黄色的光明；各种颜色光的功用在下面光色里会单独讲解。

第五种观声音，也是一种观想的方法。方法是边持诵准提咒边反过来听自己的声音。一般对于咒语的发音还不是特别熟练的人，多数会采用这个方法，若与返闻自性的方法结合也可以用这个方法。

第六种，"或想菩萨手中所执杵瓶华果等物。"这是一种观想方法，它是和前边用手臂计数结合在一起的，也就是我们用手臂计数就相当于在观想了。这是一种观想方法。在这种观想方法中还有另一层意义。就是我们每次修行可以只观想菩萨手中的任何一种所执物。每一种所执物都有它的意义和含义，哪怕只观想准提菩萨身上所佩戴的一件宝物，这个功德都是很大的。

第六种观想方法中会派生出两种形式。一是既观想手臂又用手臂来计数；二是只观想其中一样宝物。比如说，在一个外道非常多的地方修行，就可以选择今天修行只观想准提菩萨的金刚杵，这样既持诵了准提咒又观想了准提菩萨，把准提菩萨的其中一方面的功德也给放大了。金刚杵具有破除外道保护自身的功德。那么莲花有什么作用？手中的宝瓶有什么作用？在以后的修行过程中我们可以不断加深对准提菩萨功德的认识，这样修行的方便度就会增加。在准提法的高级修法中，还有准提法三眼修法，"肉眼、手眼、心眼"，也是和准提十八臂有关系的，只有打好基础，以后修法才能阶段性的快速进步。

第七种是字轮观。我们看《心要》的原文："但想心月中布字。谓想自心如一月轮。湛然清净内外分明。以梵书𑀉唵字安心月中以折隶主隶准提娑婆诃字。从前右旋次第周布轮缘(去声呼之)终而复始。"学院也按《显密圆通成佛心要集》作了这种字轮，有平面和立体的两种，大家可以按我们作的标准字轮来观想。立体的字不太容易观想，可以请一套准提梵文的立体模型，然后放到手中从各个角度来熟悉它，慢慢就可以观想出来了。

这里要求学习书写《心要》中的手书体准提咒。要求咒师把梵书的准提咒书写1000遍。这是咒师专业的作业，在写到1000遍的时候不会观想的人就自然会观想梵文准提咒了。

经常观看学院制作的准提咒的图片和动画视频，也有利于对字轮观形成观想。这是对咒师专业的专业要求。其他专业的可以自己判断需不需要写1000遍梵文字轮。这个字轮观是只观自心，心上有心月轮，月轮布字，念诵的时候我们的意念就跟着字轮旋转。要知道不是字轮在转，是我们的意念在转，这一点要非常清楚。

出入息持的观想方法。首先我们要知道出入息持是不出声的一种持诵方法，看经典的原文。"出入息中想于真言梵字。息出字出。息入字入。字字朗然如贯明珠不得间断。或想息出时。想自心月轮中九圣梵字。字字连环皆有五色光明。从自口中。流入准提菩萨口中。之后右旋安布准提菩萨心月轮内。息入时。想准提菩萨心月轮中字。亦字字连环皆有五色光明。从准提菩萨口出。流入自口中。右旋安布心月轮内。如是终而复始。想之甚妙。"

　　这种观想我们可以分三个次第，观字还观不出来，没关系。持咒的时候也要呼吸，只要想着：呼气的时候想光明出，吸气的时候想光明入。那么光明观想到一定程度，光明换成准提梵文。呼气的时候准提梵文就出去，吸气的时候准提梵文就进来，这个字要观想得非常清楚。当这个阶段能达到观想得非常清楚的时候，之后就可以像道大师说的一样，把这九个梵字安布在心月轮中，在对面再观想出准提菩萨，然后让这个梵文字跟准提菩萨的梵文字进行呼吸间的交换。

　　第八种是灌顶观。看《心要》的原文："或想自身顶上蓝字。变作三角火轮。从顶至足烧尽自身。遍周法界唯见清净。之后观想有个梵书阿字生成自身。"蓝字把自身烧去，阿字生成自身。也就是过去的我已灭，新生之我即是佛身即是无漏之身。阿字所生之身即是无漏之身，这是生成自身。复想一暗字。在自顶门十字缝中。这个暗字相当于什么？十方诸佛的法水。这种光明法水会自然而然就灌入我们佛子之顶。我们是菩萨，佛子，佛子之顶了，殊胜的身体了。这就是秘密灌顶法门。

　　为什么叫秘密灌顶？就是我们只要观想暗字，在自己顶门十字缝中，就有菩萨秘密给我们灌顶。之后再按准提咒的持诵方法来持诵。这是准提咒之前的一个灌顶观的观想。灌顶观是先要想蓝字烧尽自身，次想阿字生成自身，复想暗字于自身顶门十字缝中，之后再持诵准提咒。

　　第九种是单字观。就是持诵准提咒只观想一个梵文字。这个梵文字可以是嗡，可以是阿，可以是吽，可不可以是蓝？也可以是蓝。但是这里和蓝字观有所不同，就是想自心如一轮明月，圆满清净。于月轮中有个梵书的唵字，或者梵书的阿字，或者梵书的吽字，之后来持诵。这是准提法的单字观。这种心月轮观和前面比更简单一些，因为它只观想一个阿字。

第十种是金刚舌观。看《心要》原文："或想自身颈上出大莲华。于莲华上现出阿字。复想阿字变成月轮。又想月轮变成吽字。吽字变成五股金刚杵。又想此杵移于舌上。方得名为金刚舌。然后持诵。"方法很简单，就想头顶上有个大莲花，莲花上出现阿字，阿字变成月轮，月轮生成吽字，吽字变成五股金刚杵，又想这个金刚杵移于舌间，然后我们的舌头就变成金刚舌了。我们持诵真言的威力就相对大一些了。

第十一种是身布字观。身布字观也就是唵字安头上。折字安两目。隶字安项颈。主字安于心。隶字安两肩。准字安脐中。提字安两髀。娑婆(二合)安两胫。诃字安两足。想安布已然后持诵。

自身布字，我们本身就等同于佛，这是一个修行的字佛观的一个高度。《持明藏仪轨经》说：若于准提菩萨法中求成就者。先观准提菩萨根本微妙字轮。安自身分一一分明。是人先身所造一切罪业悉得除灭。凡有所求决定成就。这是藏经上的记载。

道大师是非常具慈悲心的，也可以看出我们显密圆通准提法的本身特点，是非常随和的一个方法，非常适合居士修行的一个方法，没有过死的教条。不能观想梵字没有关系，只要一心持诵也可以，复杂简单或者只持诵都可以。看哪种观想方法适合，我们能理解到什么程度，就用什么方法来修行。

第十二种是镜坛观。我们可以设镜坛来修行。

当我们物质条件不足，没有钱财来设立镜坛，或出门在外的时候，我们可以观想出镜坛来修行。息灾法要观想出一个白色的圆坛，好多人会问什么是白色的圆坛？大家可以到北京天坛公园去看看，天坛就是一个大的圆坛，我们修法可以观想出一个小的圆坛，准提菩萨、供品、修法者都在坛中。

镜坛观只是我们在修镜坛法的时候要用到的方法，前面放上准提镜之后我们就观想：我们的身体现在正处在一个白色的圆坛之中，或者黄色的方坛之中，或者红色的半圆坛之中修行，准提菩萨也在坛中。

镜坛观还有一个最简单的方法：就是在我们的供桌前面画出一个坛来，拿一块黄布或是一块红布，把五个坛法的形状画出来。息灾法可以用一块白色的圆布作为圆坛，增财法画出黄色的方坛。

过去，好多学生到我这里学法，我都给他一块方形黄色的坛城布，让他供在桌子的前面，就相当于坛法了。

再深一步的镜坛观想，就是我们要想像出来，有非常华丽的一个坛城，准提菩萨和我们都在坛城中，然后我们来持诵。什么是圆坛？天坛就是圆坛，把天坛观想成白色，就是白色的圆坛。四合院就是方坛，这是个比方。在镜坛法中可能我们还要详细讲这种观想方法。镜坛法是初级班第五旬初讲，中级班详细讲解，这里先了解一下。

第十三种是比较复杂的观想方法。只适合在修出世法四个月的闭关中应用，这里先讲一遍。

出世间的观想方法分成三步：

第一步是对自身的观想。对自身的观想还是先把自身的身体用蓝字之火，把有漏之身烧没了，然后阿字生成无漏之身。什么是无漏？没有烦恼，只有佛才是彻底的无漏，就是生成佛身，之后再想暗字在头顶给自己灌顶，这是对自身的观想。对自身的观想完之后，出世法的第二步观想是对世界的观想。我们不仅要清净自身，还要清净我们的环境，清净我们的世界。因此还要用蓝字之火把整个世界都烧尽烧干净，把整个世界都烧尽无余。之后经过一系列的地水火风空的观想，想这个世界变成一个金刚坛场，想此金刚地上遍有莲花，每朵莲花上都有一尊准提菩萨。一一准提菩萨前都有我们自身。帝网之观中我们来供养佛菩萨，供养准提菩萨，有无量的花、果、灯、幢等等来供养。

这是对世界的观想。之后就是修行的观想，一心谛想准提菩萨，具无尽相好光明，菩萨心月轮中，想有九字，行者想自心也是九字坛城，并自身分中想布九圣字，不仅心月坛城要观，而且布字观也要观。然后无计无数持诵准提咒。

以上是修准提法的十三种观想方法。我们这里汇集了《心要》中讲的所有观想方法。道大师在讲每种观想方法的时候，都加上一句：或不能想得此观者，但持诵之，亦具一切功德。所以说我们不要执著，观想不出来没有关系，只持诵也可以。

这十三种观法，我们具体想用哪种观想方法，哪种观想方法适合，我们能学会哪种观想方法，哪种观想方法适合我们本身的家庭条件，适合我们的愿望，我们就用哪种观想方法。这里对每个学员用哪种观想方法不做具体的要求，班主任老师会帮助我们来安排选择。

准提法的手印

正修之时我们都知道打准提印，准提印的教学有图片也有视频，关于准提印有很多文章来讨论。我们准提印的打法是依照《显密圆通成佛心要集》、《房山石经》刻在石头上的藏经来打的。二手无名指和小拇指都相插于内，二中指竖起来，二指头屈服在中指第一节上，大拇指捏右手无名指的中节。

其实是我们大拇指自然放在里边，就正好是无名指的中节了。念诵108遍之后于顶上散其手印。念诵时持手印于心间，念完准提咒108遍之后可以散印的时候，要从顶上散，双手分开。这是正修时候的准提印。

正修的时候也可以另一种形式结印，就是结金刚拳印。前面已经讲了很多，《心要》中还有个比较复杂的结印方式，就是在结准提印之前，要在手上观想出白色五股金刚杵，之后再结手印。观想两只手上有个阿字，阿字变成月轮，月轮变成吽字，吽字再变成白色五股金刚杵，之后再打手印。(图示请参考本书《经典中的准提手印研究》阅读附录五)。

发音的方法

发音的方法有金刚持、微声持、高声念的方法。

金刚持就是唇齿不动，舌不抵腭，在口中微动。实际上金刚持是我们在高声持到一定境界之后，自然可以达到的念诵效果。一般作为初学应该每天拿出一定时间来高声持，别人听了也可以结缘。我们高声持的目的，是希望通过高声持这一阶段会使我们的经脉、气脉发生转变，自然转入金刚持的境界。金刚持和高声念的方法我们大家可以看《准提法开示集》里面的一部分介绍，高声持的时间每天要保证15分钟以上，可以不超过20分钟，在外面大声念。这样修过一二十天高声诵准提咒，自然而然就能知道金刚持是怎么回事，自然而然就能转入金刚持的阶段。金刚持的念诵本身确实有它的念诵方法，掌握的技巧问题，这都不要去造作和模仿。不要去学别人，随着我们高声念到一定阶段自然转入金刚持，有可能刚开始，只是喉轮会振动，喉轮会金刚持，慢慢我们的胸轮、腹轮、顶轮就都会了。这有个自然而然的过程。修法的技巧是我们高声持咒到一定阶段之后，有了金刚持诵的初步经验，然后在法会中，或有机会到学院由高七师指点我们如何修五轮念诵。让我们逐步达到五轮念诵、意气合一、心意合一的高境界。

曾有个学生，在念准提咒金刚持的时候只有胸轮会振动，就给我打电话，说他很着急，我说不用着急，自然而然的发展吧。结果他参加了学院的准提法会，在法会中忽然自己就能够运用自己的腹轮、顶轮，一下都会了，自己非常高兴。通过高声持我们自然能够转入金刚持这种持诵方法。金刚持的持诵方法念诵时间长了也不累，不是我们用喉咙念，是气在推动我们的声音，只是舌头微微一动就可以了。如果我们发现我们的嘴，我们的喉咙还在动，还在紧张，那就还没有达到真正的金刚持状态。金刚持诵速度可快可慢，因此多为修行人所推崇。我们对金刚持的态度就是不要追求，高声念到一定阶段，自然能转入金刚持的境界当中，而且金刚持的境界也没有什么高下之分，随着我们念诵的深入，在佛菩萨准提菩萨的加持之下自然而然就能念得越来越好。

金刚持的念诵，每个人可能念诵的不同，有的人音高，有的人音低，这没有一定的标准，因为大声念诵就像是高压的能量作用于中脉这个水管，有些人是五轮中的自己能量最好的地方先开了，就从这个地方发音了，所以每个人一开始的时候，是有差别的，这是正常的。有些人是胸轮念诵，有些人是喉轮念诵，有些人到一定阶段才能达到腹轮的金刚诵。(具体发音，请观听课程音、视频)这是随着我们修行，逐渐达到的念诵效果。

我们再研究每个薹翳/发音，如果看《显密圆通成佛心要集》，我们就会有个明显的发现,每个咒语道大师都不仅注一个发音，比如嗡啮临咒，可以念西林，也可以作西丽斯银，这几种都可以。对六字大明咒他也标了三种发音，嗡 么 捉 钵 讷铭(二合) 吽，或作唵嘛呢叭弥吽，或作唵嘛呢叭 。为什么道大师标这么多发音呢？

在道大师的《心要》中他是这样说的，"上来诸咒中各有数本不同，"他说的各有"数本不同，皆是前后三藏西天诸国语音有异，但依一本持诵，无得拣择，寡学之人，多分受一非余，呵斥圣贤。"这个发音不对，那个发音不对，所以他"寄语后人，勿沾斯咎"。

是什么原因造成有多种发音呢？首先前后三藏翻译的不同，从善无畏、金刚智，以及后来的不空，每个人翻译的不同。最重要的，实际上印度各个地方的语言也是不同的，本身的梵语发音在同一时期各个地方也是不同的，我们就不能说谁翻译的正确，谁翻译的不正确，哪个发音都是可以的。只要我们依一本持诵不要拣择就可以了。我们就是依《心要》，依道大师的这种翻译来持诵。比如说，宽霖老和尚，原来的成都文殊院的方丈，他就是按照《显密圆通成佛心要集》来修。他过生日的时候专门印准提法的资料。他就是完全按照道大师《心要》的发音来修，他念六字大明咒怎么念，"唵 麼 抳 钵 讷铭吽"。大家都知道宽霖老和尚没有上过学，但是修行得非常好，福报非常大。因此我们知道如何对待发音问题了，就是按照《心要》，道大师对我们的吩咐，依一本持诵无得拣择。这里告诉我们没有说依一师，而是依一本持诵，我们要好好想想这个问题，好好想想这个看似简单的问题。无论我们是哪种发音，其实达到金刚诵以后效果都是差不多的。"嗡 折隶 主隶 准提 娑婆诃"、"嗡 资隶 资隶 准提 娑婆诃"用金刚诵来念，用气来推动，效果都是一样的。

有一阶段我们发现念类似藏传的发音"唵 加隶 举隶 尊提 娑婆诃"，更容易达到金刚诵的效果，但这个不是《心要》中标出的发音。我们有一阶段说这两种念法都一样，但实际上我们现在一看，既然都一样的话，我们还是按"嗡 折隶 主隶 准提 娑婆诃"来念，一样能达到金刚诵。这样对于教学有个统一，对回归《心要》也有很大的意义，也与早课的十小咒的发音相应。所以后来就说，不用念"嗡 加隶 举隶 准提 娑婆诃"一样也可以达到金刚诵了。因为差异不大的发音问题，到最后的效果也是一样的。

关于念诵的发音也非常有意思，90年代有一阶段我（高七师）工作非常忙，天天要自己开车或自己坐车工作，每天都要4、5个小时，于是就把一个中国台湾版的女声的准提菩萨唱念放在车上的CD里听。只要我一上车就听，一天听3、4个小时。一开始我是念"南无飒哆喃 三貌三勃陀 俱胝南 怛侄他 嗡 折隶 主隶 准提 娑哈"的，后来由于那个歌中唱的就是"娑婆诃"。我们想想一两年，一天听一两个小时，天天听他念"娑婆诃"，最后我也一出口就是念"娑婆诃"了。无关紧要。有一次，我在教学的过程中，一不注意嘴中"娑婆诃"就出来了。大家还想这怎么高七师"娑哈"变成"娑婆诃"了？其实这都是我坐车持诵的结果。

所以说这一点大家不要太计较，因为我们只要大声持诵到达金刚诵的阶段，效果都是一样的。我们听不清是"娑哈"还是"娑婆诃"，"娑哈"和"娑婆诃"在金刚诵的阶段是会合到一处的。因此有些人问："我原来是如何如何念诵的，现在用不用改？"能改当然好，但是不改也是一样，效果也是一样的。没有一个真正对错的问题，这是我们讲的《心要》中道大师对各种发音不同的看法。

微声持：只要能听到自己的持咒声就可以了，不急不缓的字字须得分明称之，念念要了知当下，这是微声持的方法。微声持的好处是能够念诵很长时间，因为金刚持和高声持都需要有些力气，真正想念诵时间长还是用微声持的方法。用微声持的方法和不出声持的方法，我们才能连续长时间念诵。我们可以把自己的修行分成几步，配合几种不同念诵的声音。

正修的时候一定要念出声来，正修之后散持或者其他的时间，我们可以采取微声持和不出声持两种方法来念诵准提咒。在学院的录音中基本上都是出声念的方法。为中级班、四段以上学员提供的念诵资料中基本上都是金刚持的方法；在高级班可以学到五轮念诵的方法。持咒修行我们还是最重视佛力的加持，金刚持它属于自力的修行。因此金刚持只对咒师要求，必须要学会五轮念诵。对事业师不要求。《高七师"大声喊诵准提咒"修行方法》文章见附录六。

修行坐姿

修行准提法各种姿势都可以修，可以随意坐。道大师在《心要》

中只要谈到跟修持的坐姿有关系的，下面都要注一个随意坐亦得，大家什么姿势坐着念准提法都可以。《心要》的正修中，前面也提到可以金刚正坐，之后念"嗡蓝"，从"嗡蓝"念到"嗡部林"。这是正修准提法。道大师说采取金刚正坐，就是右脚压在左脚上，散坐亦可，随意坐亦得，他提了三点。

第三种是在"增、息、怀、诛"法中提出的特殊坐法，在息灾法中他提倡要交脚竖膝而坐，随意坐亦得。若作增益法，是跏趺坐。敬爱法，是结贤坐。降伏法，是蹲踞坐。在修四个坛城的时候用不同的坐姿，这种不同的坐姿起到不同的作用。但是同时一样，若做不到这点，随意坐亦可。

第四种就是出世的修法，出世的修法可以全跏趺坐，就是双盘、单盘、随意坐都可以，于行住坐卧四威仪中，皆得三密修习。

我们大家如果不是专业修行的人，另外现在生活方式都是坐凳子，跟古代不一样。古代盘坐是生活方式，不是功夫，他们只能坐在地边、树下，或是坐在床上。我们现代人生活节奏快，没有很多时间来坐着，也没有必要去练坐。羡慕别人双盘，希望别人也羡慕自己可以双盘，或把双盘等同于修行好，就容易产生执着：修法时强迫自己的姿势，天天就跟腿打仗，反而没有去持咒。我们不要天天就跟腿打仗，口中念咒，意念却在腿上，没有去真正三密相应。我们提倡坐姿可以随意坐，因为我们看出世间法修行亦可以随意坐。这是在降低救度众生的门槛。

准提咒的显修、密修、双修的选择方法

道大师在《心要》中说，上上根人，心造帝网观，口诵准提六字真言。心造帝网观就是显修，念咒就是密修。我们如果按照《显密双修准提法观诵集》来修，就是按上上根人的修行方法，即使我们按精简版1修行也是显密双修。如果按照精简版2来修，是单修准提咒，

是密圆修法，比较适合事务繁忙的人。精简版是不念《普贤行愿品》的长行，但是帝网无尽观要持诵，要观想，之后要念六字大明咒和准提咒。显密双修过程中可以选择心咒，可以选择全咒，也可以选择多咒。这都是可以根据自己的情况来自己决定的。

那么如何选择？心咒和全咒的关系，和多咒的关系，我们在《准提法问答集》中也有介绍。希望大家好好看看《准提法问答集》和《准提法开示集》，把这些问题自学学清楚。

修法时观想的光色

修准提法时观想的光色，就是我们在求增、息、怀、诛各种具体的愿望的时候，要用的方法。平时可以观想准提菩萨发着五颜六色的光明或是观想白光。

如果我们的愿望，回向的内容跟息灾有关，那么尽量多观想白光，准提菩萨也作白色，供的食品也观想都是白色的。

如果我们的愿望和回向的目的，跟增长智慧和增加财富这些增益法有关，那就要观准提菩萨是黄色，想他发的光明也是黄色。

如果我们修行的愿望跟敬爱法有关，那就多观想红色；诛法则观想黑色。

一般来讲对平时修法时所穿的衣服要求：以黄色为最好，以增益法为最好，这是道大师在《心要》中阐述的，我们也可以自己修法时披一块黄布来修行，或者直接观想自己穿着黄色的衣服来修行，学院也为学员专门制作了黄色的修法服。学院还印刷了四色的准提菩萨像结缘。如果我们没有这种条件，准提菩萨像也没有，可以全部用观想来代替。这是观想的光色，衣服的颜色也是随着光色来选择的。

念诵的心态

关于念诵的心态，在《准提法问答集》中，专门有一章讲我们应该要有什么样的心态来持诵准提咒，这里简述一下。

一种是清净心，用于平时修行。

准提功德聚，寂静心常诵，一切诸大难，无能侵是人，就是讲的以寂静心来念诵。《心要》中讲：初持诵仪轨者，谓真言行者，每日欲依法持诵时，澄定身心方入净法界三昧。这是以清净的心持咒。

另一种是在修坛法的时候，心态要与所修法相应。

作息灾法时是以慈悲心来持咒；作增益法的时候是以喜悦的心情来持诵准提咒。我们在组织法会的时候，往往有一段时间要大家拍着手来念准提咒，以欢喜的心来念准提咒，非常高兴地、欢快地持诵准提咒。好多人不理解，说到寺院看大家好像念佛的时候都绷着个脸儿念，你们怎么这么高兴呢。我们为什么要不高兴呢，增益法，我们欢喜心啊，我们要增长智慧了，我们要发财了，是吧？我们是完全按照《心要》的要求来修准提法的。要知道心态不一样，人发出的声音也是不一样的。心态不一样，我们得到佛菩萨的加持也是不一样的。

有些人神态恍惚，面部表情呆滞，这种心态又怎么能和准提菩萨相应呢？我们要好好看一看佛是什么姿态？佛是面带微笑的慈祥的心态，我们在慈祥的佛面前，我们应该以慈悲之心与佛相应，以欢喜之心与佛相应，这样才能得到更好的修持效果。同样若作敬爱法时，就是以喜怒心（欢喜心）相应，若作降伏法时以愤怒心相应，作出世法就要运大悲心，以发愿广利众生的这种大悲心来修持。

香及供品

在《心要》中，道大师对各种香各种供养都有详尽的要求和讲解，但是在每讲完之后，都会跟着说一句话叫"随力庄严，诸供养具"。慈悲的怕我们没有条件供养而生退却之心。

什么叫做"随力庄严，诸供养具"？随，就是根据。力，就是我们的能力。供养的物品要根据我们的能力来供养，我们有能力多供养就多供养，能力少就少供养，如果实在不能供养，也可以完全用观想的方法，把供养的东西都观想出来也可以。如果供养的同时，能够用帝网观来观想的话，功德更为殊胜。帝网观要想出尽虚空遍法界都是准提菩萨，每尊准提菩萨面前都有我们在供养香、花、灯、烛、衣服、饮食、幢、幡、伞盖、璎珞云、楼阁云等，要这样来想，把这个境界观想出来，就是我们的供养了。

不仅修行的时候要观想供养，平时到寺院去烧香，家里在佛前烧香、供水的时候，都可以闭上眼睛或是睁着眼睛把这帝网观想一遍，所有的佛前都有我们在烧香磕头供养，这样就可以随时积累功德了。如果我们是在宿舍或是公寓，没有自己的佛像佛龛，就暂时合掌观想这个境界，功德也是一样的。这是第一种帝网观的供养。

给准提镜开光的时候也要供养，这时候如果有能力尽量还是要多供养真实的花、香、水果、衣服、饮食等等，尽量要用安息香。安息香是修准提法的主香。

第三种烧香和供品的方法是指在修增、息、怀、诛和出世法的时候，一些具体的用法。息灾法用白檀香。作增益法的时候，要烧白檀加烧点儿郁金香，没有香观想也可以。敬爱法是用丁香、苏合香等。这是几种供香及供品的要求，供品要"随力庄严，诸供养具"。如果实在没有的话，我们也可以靠观想的办法，供养佛和燃香。不过，在真实供养的时候也别忘了加上帝网无尽观这种增加福德的技巧。

《心要》中还提出了专职修行人员的专门的供养方法，这专门的供养方法一般我们都是在火供之前或比较大的法事活动之前这样做。

"若欲供养佛法僧三宝者，应先于三宝像前，五体投地普礼遍法界无尽佛法僧三宝，并且口诵普礼真言七遍。

真言曰'唵(引)缚日啰(二合)勿(微一切)'"。

由真言不思议力，自然遍法界无尽三宝前，都有我们的身体来事奉供养。我们到寺院去礼佛的时候，都要心中念这个咒，不仅我们顶礼的佛菩萨能受到我们的礼拜，尽虚空遍法界的佛前都会因真言的不思议力，显现我们的身体，供养礼拜诸佛。我们不会念这个咒的话，用准提咒代替也可以，顶礼的时候念准提咒3遍7遍也会使我们的这种礼敬尽虚空遍法界。

我们根据自己家里的情况，买一些供品来供佛。供品可以用吉祥印印之。吉祥印在蓝字观里讲了，这个蓝字不仅可以清净我们所供养之供品，而且还会使这个供品变得极为庄严，之后念变食真言。

'ᚱ娜ᚱ谟ᚱ萨ᚱ嚩ᚱ怛ᚱ他ᚱ蘖ᚱ多ᚱ嚩ᚱ卢ᚱ枳ᚱ帝ᚱ唵ᚱ参ᚱ婆ᚱ啰ᚱ参ᚱ婆ᚱ啰ᚱ吽'。

念这个变食真言21遍，由这个真言的加持力，我们所供养之物就可以变成诸天种种美味，来供养遍满十方的佛法僧三宝。

如果没有条件摆设供品，也可以用出生供养印来供养。出生供养印，就是双手掌心相合，右手压住左手，右手指压住左指头，按在自己的头顶上然后念'嗡'字21遍。这个姿势就像，左手托住盘底，右手放在盘子上面，这样我们大概就知道出生供养印的来历了。这样来观想我们头顶无量供养品来供养诸佛。这时，不观想可不可以，也可以。因为真言它就有这个力量，只要打这个手印，口诵'嗡'字真言，那么由真言不可思议力自然遍法界有无尽香、花、灯、烛、幢、幡、伞盖、衣服、卧具、楼阁、宫殿、音乐、歌舞等种种诸多供养，来供养尽虚空遍法界的无量三宝了。上面这些供养三宝的方法，如果不会书写或者不会念诵没有关系，完全可以用准提咒来代替。

当我们给佛顶礼的时候，念3遍7遍准提咒，尽虚空遍法界都有无数诸佛，佛面前就都会生出我们的身体来顶礼诸佛。在供养物品供佛的时候念准提咒，这个供品也会变成尽虚空遍法界无穷无尽的供品来供养诸佛。这就是准提咒的好处。如果没有物品来供养准提菩萨，我们可以伸开自己的手做出生供养手印，念7遍或者21遍准提咒，就会出生无尽无边的供品来供养诸佛。所以，准提咒如如意宝，诸咒不含准提，准提尽含诸咒！

饮食要求

这里饮食是指修法时我们怎么吃饭。

"佛言此咒能灭十恶五逆一切罪障，成就一切白法功德，持此咒者，不问在家出家饮酒食肉有妻有子，不择净秽，但至心持诵，即可圆满。"

准提法对饮食并没有要求，所以说我们对饮食不要求，我们对戒律也不要求，我们准提法提倡近住戒八关斋戒，一天一夜的戒。准提法的戒律有相关的文章详细说明，注意不要和居士五戒混淆。

学院不赞持戒也不谤毁戒，"诸恶莫做，众善奉行，创造价值，光显准提"。

什么是光显准提？只要能够传扬准提法，用准提法来度人，就是在守准提法的戒律。要有这种大净观的思想，发愿临终往生极乐世界，现世创造价值回报社会。观想人人都是准提普萨，就是在持戒。所以准提不择染净，得持诵故，不问在家出家饮酒食肉有妻子等皆持诵，不同余咒须要持戒方得修习。道大师对这点也苦口婆心劝大家，可以看出道大师在世的时候，也存在类似的问题。今为俗流之辈，带妻挟子饮酒啖肉是其常业，虽逢僧人教示，习性难以改革，若不用此大不思议咒法救脱，如是人等何日得出生死。"其有斋戒清净依法持诵者，更为胜妙，故准提经云，何况更能结斋具戒，依法持诵不转空身，往第四天得大神足是也。"从这段话就可以看出，准提法是最适合在家居士修行的法。

道大师讲，如果我们一天只修一次准提法，那么把这个修法要放在早晨，这是道大师安排修行的一个技巧。我们知道在善无畏所翻译的，房山石经的别部准提法译本中也要求十斋日的持法："每天早晨的持诵方法，清水漱口，面向东方，念一百八遍咒，即使有妻有子、不断荤血，也一样成就。就是早晨持用清水漱口就可以了。"

还有特殊的情况，就是修增息怀诛四法时的饮食要求。修息灾法，要求在日满的时候断食或三白食。什么是日满？就是中午，太阳都圆了，这就叫日满。断食就是所说的过午不食，或者是一天都不吃。三白食是指吃乳酪、米饭或者粥，颜色都是白的。那没有这个能力，想吃白的不可能，家里只有苞米，黄的怎么办呢？无所谓，用心想之亦得。想这个苞米是白的，再来吃它也是一样的，或者吃饭的时候先用蓝字清净一遍。黄色的或者其他颜色的我们观想它是白色的也是可以的。增益法也要求断食或者三白食；敬爱法、降伏法均要求断食念诵，就是要过午不食。

修准提法的方向

持诵准提咒，在设镜坛的时候都要求面向东方而坐修。对于准提法来讲，东方是最吉利的方向，但是余方亦得，也就是不要过于执着这个方向。如果家里条件允许我们就面向东方，如果不允许，就哪个方向都可以。同样在特殊的情况下，就是在作增息怀诛修法的时候，道大师指出了修不同的法应该面向不同的方向。

作息灾法时，我们要面向北，作增益法时面向东，作敬爱法时面向西，作降伏法时面向南，这都有不同的要求。平时修法，如果能面向东方修行是最好的方向。但是我们要记住，任何方向首先是都可以的，只是这些方向是最好的选择而已。有一次我们去小五台山金河寺遗址看道大师闭关的山洞，对着山口，早晨正好阳光从东面出来，照到山洞前面的平台上，景色非常美，也非常适合修准提法。

准提法修行的遍数

对准提法修行的遍数，道大师在书中有多处记载。我们正修的时候，道大师说我们正修，念完六字大明咒108遍，念准提咒108遍。我们结印念108遍或结印1080遍更好，也就是说都可以。在这里我们如果念全咒，要念108遍。如果念咒心要求念1000遍。这是我们对正修咒数的要求。

道大师讲息灾法时曾说，息灾法咒数的要求，要诵满108遍。诵满108之后，就不念前面含归敬词的全咒，而是无计无数的念后面的咒心，并在咒心中加上所求的愿望。这是第二种念诵的方法。就是念108遍全咒以后，其他念诵的数目是不计数，但是只念咒心。关于数目在《心要》中的记载，就是在作四种坛法之前，道大师说最好能念满五十万遍或者七十万遍或者一百万遍作为前行，这样再修增息怀诛四法效果才更好。

如果想闭关，修出世修行的准提法，对修持准提真言的行者，应该先念满五百万遍、七百万遍或者一千万遍作为前行，之后再闭关作出世修行效果才更好。

道大师在《显密圆通成佛心要集》中，对修法时间上有每天的要求，一个月内的时间规划，以及修增息怀诛坛法时间的安排。对一个持诵者一天来讲可分为三个时间。如果一天只修一次，那么最好在早上持诵。"若一时持谓早晨"。如果按照学院的仪轨修两次，那么早上和晚上修；如果修三次则加上中午。如果说太忙了，没有时间修，早上也没有时间修，或者是我们经常出差，那也没有关系。道大师说若忙务者不拘时分，但有暇时持之。这是对每天修行的要求。

在善无畏大师的别部法的经典中，让持诵之人能够平时未食荤腥时，诵此咒108遍，如是不绝四十九日。有这样的记载。所以这也是道大师说一时持一定要放在早上的一个依据。早上的时间是最有把握的，我们要是推到白天或晚上，说不定什么事情就给耽误和打断了，晚上也可能太累，又放弃了。所以最好是早上修。

对修镜坛法的人，在每一个月内，记住十斋日。十斋日可以对镜持诵，不是十斋日也可以不对镜持诵，这个镜坛一样成就。在这里我们一定要明白不是十斋日可不可以对镜持诵，可不可以呢？也可以对镜持诵，但是十斋日必须对镜持诵。把这个概念要弄清楚。如果每天都能对镜持诵当然更好，但是别忘了十斋日一定要对镜持诵。有些人把十斋日叫做准提斋，可见准提法在明清时代流行的广度了。

在特殊的时间，在作增息怀诛和出世法时，有对每个月的安排和对每年的时间安排。作息灾法时一般都是从阴历的初一开始修，到初八圆满；作增益法是从初九日出开始修，到十五日满；作敬爱法是从十六的后夜开始修，到二十三日满；作降伏法是从二十四日午时或夜半起首，至月底日满。若作出世修，这是一年的修法，在一年内要修满四个月零四日为一期。

好多人不太懂增息怀诛的时间选择方法，实际就是按月亮的运行，月亮的圆缺来规定的。我们知道是看月满和不月满，在美国修行就不能按中国的阴历时间，我们的晚上可能是他们的早晨。要知道时间的本质是太阳、地球上人与月亮的位置关系。

以上我们对持诵准提法时间的选择，遍数的计算方法和遍数的要求，修行的方向，修行中饮食的要求，修行中对供品以及燃香的要求，修行持咒的心态，准提菩萨的光色，显密双修的要求，修行中的姿势，道大师关于修行发音的见解，修行中应持的手印以及观想方法，修行中持诵内容的多少，都作了系统讲解。

按照讲课大纲，每一项我们找出适合自己的一条，来作为自己的作业写下来。

我念准提咒的全咒还是咒心？什么时候念全咒？什么时候念咒心？我采取哪种观想方法？我为什么要采取这种观想方法？我面向哪

个方向？哪个手印更适合我？更适合我修行的时间是什么时候？

准提咒是非常方便的一个修法，虽然我们讲了这么多的修行方法，听起来复杂，但是无所谓。我们能记住哪个就按哪个来修行，只要我们坚持诵咒即便什么都不观想，什么手印也不打，什么姿势都随意，就能圆满准提菩萨对我们的加持，就能圆满准提菩萨的功德。因此，我们修法不要有太多的压力，只是我们学习还是要遍学无碍。要明白这些道理，知道这些方法，知道准提法是包容一切法之法，可深可浅，可简可繁，因此我们更应该对道大师，对准提菩萨采取一种恭敬的心，他为我们提供了无上方便之法，为我们末法众生广开了这种救度之门。让我们心中常常念起"南无 飒哆喃 三藐三勃陀 俱胝南 怛侄他 嗡 折隶 主隶 准提（愿大家修行圆满） 娑婆诃 "以法来供养准提佛母。

初级课程第三旬试题

1.六字大明与准提咒什么关系？

2.为什么提倡早上修法？《心要集》中的依据是什么？

3.你采用怎样的方式念诵真言，是心咒还是全咒？为什么这样更适合你？

4.你用什么样的手印？你用什么方法来计数？高七师讲了多少种《心要集》中观想的方法、发音的形式，你准备采取哪种方式，为什么这样更适合你的条件和情况？

5.最简单的正修方法是如何修？

6.咒心与全咒各有各的优势。咒心有哪些优势？

7.在选择持咒时观想的方法上，你如何来判断，是适合你的情况的？在哪种情况下，你的观想可以再复杂一些？

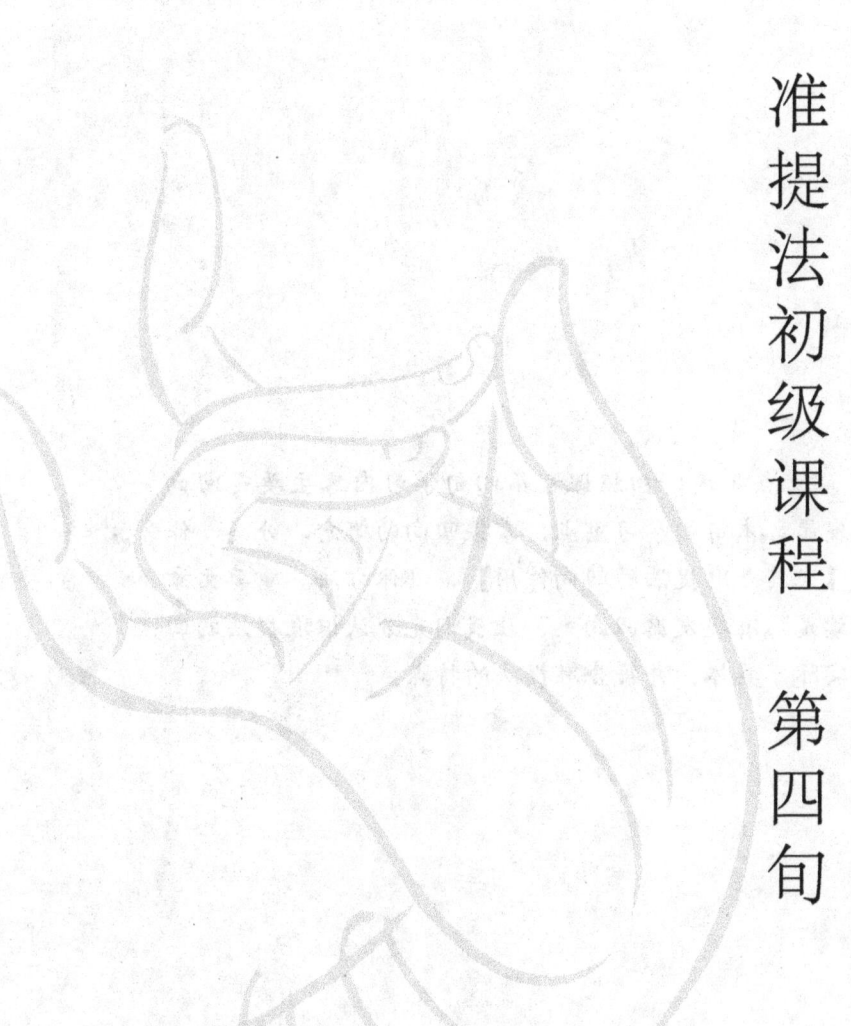

准提法初级课程　第四旬

重点导读：初级课程第四旬学习内容主要是回向与发愿。本旬的学习重点：掌握回向的概念、分类、作用【尤其是准提法的回向作用】、具体方法。重要文章研读是《准提发愿回向》，让我们充分认识准提法的回向实际、具体，并符合准提法的特点。

准提法发愿与回向概要

发愿与回向

一、发愿就是明确修行的方向，回向就是让修行的功德起作用。

（一）回向的重要性

佛在世时，波斯匿王发心供佛。有一贫女见后，连续三天诚心随喜。佛说其功德已超过了亲自供养的波斯匿王。贫女随喜获福的例子中，贫女因没有将随喜的功德回向，而在以后生起了瞋心失坏了善根。

回向，是在完成善事之后，愿善事的功德如何成熟的一种发愿（*与发愿的区别在于发愿是在作善事之前，回向则是在作善事之后*）。回向与不回向有很大的区别，比如为父母健康而诵咒后，若作回向，父母能得到这一功德。否则，父母并不能得到这一功德。而且，如果在这以后，生起严重的瞋心和邪见之时，从上面的例子来看，这些善根都会因此而长时间不能感果。

另外，回向的对象有不同，如回向现世的一些利益，如：健康长寿、消灾免难、升官发财等。

也有个殊胜的方法，即把功德回向无上菩提。

过去很多人认为两者是矛盾的。现在我们修了准提法，两者就不矛盾了。现世的利益和菩提果本身合而为一。

长期以来，人们认为给自己回向是错误的。于是，只给所有的众生回向，而不给自己和亲人回向。无论修的是功德还是福德，自己不享受，将果报贡献给一切众生，即是回向众生之意。希求的是自己能证无上菩提、明心见性。

而准提行者的回向，要实际、具体，并符合准提法的特点，不要求大、求全、求空！

自己都得不到利益，还说给别人，不是自欺欺人吗？飞机出事的时候，一定是自己先戴上氧气罩再给自己的孩子带，这才是科学的。不然没有等你给孩子戴上你就可能不行了，这样，既害自己又害了孩子。奇怪的是，不知道从什么时候开始，学佛人只要一为自己回向，就好像是不对的了。

（二）大的回向需要自己的火炬先要亮起来

有人片面的理解回向，认为"回向"是将自己所修的功德，不愿自己独享，而将之"回"转归"向"与法界众生同享，以拓开自己的心胸。功德即非我所有，"以一炬之火，数百人各以炬来取，此炬如故，福亦如故"，我们将火炬的光明给别人，不但火炬之亮度无减，反而更增加世间的光明。殊不知，我们自己的火炬根本就没有亮起来，拿什么去点亮别人？

我们的功德回向，要具体实际，不要唱高调。就是要为自己求，就是要为世间法的成就而修。满足自己的名利的同时，才能满足众生的需要，来随顺众生度化众生。

要回向，要给自己回向。给自己回向，是给众生回向的基础。

要回向，回向世间法，才符合准提菩萨的愿望，这是准提法的特点。

准提法发愿就是回向，发愿和回向是一体的；世间法的回向和出世间的回向是一体的。出世间的成就是以世间的成就为载体的。

二、准提法愿力的特殊，看道大师在《心要集》中加入了什么？

如《心要集》中：

"发愿门。想尽虚空遍法界尘尘刹刹。帝网无尽三宝前。各有帝网无尽身。每一一身各发帝网无尽愿。所谓

无边众生誓愿度

无边烦恼誓愿断

无边佛法誓愿学

无边福智誓愿集

无上菩提誓愿成

并自心所乐善愿尽总发之。

每一一身发帝网无尽愿。每一一愿有帝网无尽身发。总想此一门。尽未来际无有休歇。念念相续无有间断。身语意业无有疲厌。(或坐中念诵。或佛前发愿时作此观想)"

三、简单的发愿与回向，放在咒语中间，以咒咒愿。

如《心要集》中：

若作息灾法者(为除恶业重罪烦恼等障。种种灾难官事口舌。鬼魅所着恶星陵逼等)……念诵时。前次第持诵至准提咒。诵一百八遍已。后但从唵字诵之。妙言曰唵折隶主隶准提与某甲除灾难娑婆诃(若为自己于娑婆字上。称自己名及所为事。若为他人。称他人名及所为事)

四、诚实语，一味药。有些人把准提法分成了两部分，这是不对的，说明你不相信准提菩萨。

每见今时或释或儒为利为名终年亲附竟日趋参。用尽身心罕有称怀。无常来至又生下劣之处。何如依诸佛之圣言。诵秘密之神咒。于上增益等法中频频作之。所求之事决定遂心。一切罪业悉得消灭。无常来至又生胜处。现在未来俱获利乐。岂不善哉。有斯钜利故佛说之。

入世的愿望实现的同时获得出世的成就

问曰：诸佛本意令断贪嗔等何却令人起贪心求世事名利等耶。答云诸佛有不思议度生方便。谓有众生不肯直求菩提。且随其所乐令持咒求之。由神咒不思议力。所求之事尽得遂心。一切罪业亦得消灭。

自然超凡入圣。如小儿有病不肯服药。被有智医人涂在母乳。其小儿本食母乳。不觉服着良药除却病苦。故罥索心咒经云。若有众生设以谄曲。为求富贵名利等得闻此咒。彼诸众生生生处处。成就智慧福聚之香。神变疏云。真言境界。十地菩萨尚非其境。况生死中人乎(有人云。陀罗尼多令人有所希求。反损陷众生者。此是离求外别取无求。全同断见外道。今佛教说。终日求之不见求相。是真无求。非同木石全不希求也。故观音钞云。虽念念求。而无能求所求之相。又况诸佛大慈大悲。岂可故意损害众生)。

五、《显密双修准提法观诵集》中为什么把《普贤行愿品》既作为发愿也作为回向。

关键词：大发心与回向极乐世界、准提咒就是普贤行、求名利是为了随顺众生、临终的态度是往生极乐。

如《心要》中：

三显密双辩者。若双依显密二宗修者。上上根也。谓心造法界帝网等观。口诵准提六字等咒。此有二类。一久修者。显密齐运。二初习者。先作显教普贤观已。方乃三密加持。或先用三密竟然后作观。二类皆得。余虽下材心尚显密双修。故仁王般若陀罗尼释。并仁王仪轨皆云。若不修三密门。不依普贤行愿。得成佛者无有是处。又华严经字轮仪轨云。夫欲顿入一乘修习毗卢遮那法身观者。先应发起普贤行愿。复以三密加持身心。则能悟入文殊师利大智慧海。

又如：

四庆遇述怀者。谓如来一代圣教。不出显密两门(仁王经钞云。如来一切教。不越显密两宗)。于显教中虽五教不同。而华严一经最尊最妙。是诸佛之髓菩萨之心。具包三藏总含五教(梵本有十万偈。此方已翻译者。或八十卷六十卷四十卷等。虽文义广博。其中最津要者。唯别行普贤行愿品一卷经文。是华严之关键修行之枢机。可赞可崇。西天道流无不依之修行也)。于密部中虽五部有异。而准提一咒最灵最胜。是诸佛之母菩萨之命。具包三密总含五部(梵本有十万偈。此方已翻译者。有诸师诸本。虽仪式稍异。其中最纲要者。准唐善无畏三藏所译一卷经文。是诸坛之领袖七众之药饵。可传可尚。东夏高德无不依之持诵也)

六、准提法发愿和回向的方法

1.持咒前

2.持咒中

3.持咒后

4.功课完成后

5.普贤行中

6.每一天的开始和临睡

7.修持准提功德塔

七、学院的三种修行法本

《显密双修准提法观诵集》中有三种修法版本，这三种版本有不同的发愿与回向。

八、三个专业的不同回向重点是什么？

准提咒发愿和回向容易犯的错误（与准提菩萨不相应和与道大师本意不相符的地方）：

（一）割裂圆咒特点；

（二）避开世间法；

（三）单一的回向法身和空性。

九、别部法的特点就是准提菩萨的慈悲之处。

极乐世界的临终回向的包涵性。

反对佛教居士不追求世间的成就，不追求世间福报。不追求其实就是一种对准提法的"不信"！

唯宜信而持之速得道果。若不生信空无所获。

参考一：世间愿望——《准提法开示集》节选

这主要是针对初学者。在学佛的过程中，对初学者来说我们通过佛法来利益他们最直接。如果在佛法中获得了利益，他们自然就对佛法升起信心，自然就能逐步深入经藏，或者能依止善知识进一步修学。通过这次准提法修学，能满足大家的世间愿望。

我们提倡在这次法会过程中，大家都发一个世间的愿望。平时正修期间，给大家发了一个塔图。这些塔图，都是由一些小圆圈组成，念108遍就点一个小圆圈，小圆圈点完了，这个塔也就念完了。然后把自己世间的愿望写在塔上，尽量把愿望形象化具体化。准提火供的时候，把这个塔烧了，愿就许上了——这是满足世间愿望的修法。平时也可以用这个修法来满足亲朋好友的世间愿望，引导他们念准提咒。实际上，这也是引导我们自身的方法，因为我们知道，能在学佛中不断获得利益，信仰才能日见牢固。学佛中，"法供养最"，刚才读的《普贤行愿品》里讲：诸供养中法供养最。这里所说的法供养，就包括你如何来引导别人学佛，这也是佛法供养的一方面。张居士是卫生所所长，一次有人来看病，他一看这病很难治，说这样吧，我教你一个语音疗法，你念这几个字（准提咒）可能对你身体有好处，你经脉通了病就好了。他这个语音疗法就是念准提咒，又针灸又吃药又念咒，反正也不知道怎么就好了。(众笑)然后才对病人说，语音疗法不错吧，告诉你这是什么吧？——准提咒！然后再一点一点诱导他，慢慢地，整个卫生所的人都信佛了。

准提菩萨非常慈悲，他的愿力有特殊的地方，其特殊尤其注重大家世间愿望的成就。有些法注重出世间，有些法着重入世间。当然入世间的愿望很重要，只有满足了入世间的愿望，才能为出世间愿望的实现打基础。准提法属于入世出世共修的法，因此准提法除了四宏誓愿以外，还有第五愿"无边福智誓愿集"。就是通过修习，在达到世间愿望的同时达到出世间愿望。准提法把佛法的智慧、出世间的功德像做药丸一样，包在里面，外面包着一层糖皮。这层糖皮就是你入世间的愿望，你入世间的愿望满足的同时，里面出世间的智慧就可以得到，烦恼就可以减少。所以准提法是非常殊胜的。

我希望学佛的人都能以快乐的面貌展示于人，不要天天愁眉苦脸的，人家一看你的样子，就会觉得学佛还不如不学。我希望学佛的智慧福报都具足。佛是两足尊，就是告诉我们不能够只有智慧或者只有福报。只有智慧，叫做"罗汉托空钵"，虽然很有智慧，没有烦恼，但是乞食可能都乞不到。只有福报没有智慧，就是"大象戴缨络"，如同泰国国王骑的大象，虽然满身挂着珠宝，但没有智慧，再威武也还是在畜牲道。

我们要福智双修，出世间和入世间都可以达到自己的目的。具体有没有这样的法门？有！就是准提法。过去修净土和禅宗的祖师、行者，往往以修准提法作为辅助法门。比如修净土念阿弥陀佛的，也念准提咒；修禅宗参话头的，也念准提咒，这样我参话头遇见一些境界、一些歧路时能依仗准提菩萨的加持避开，不至于出偏差，因此准提法门极为殊胜。

参考二：出世才运大悲心

若作出世间法者(为欲速满福德智慧二种资粮。及顿圆十波罗蜜超越三无数劫。今世祈克圣界现前)。行者在于山间深谷。殊胜岩窟清净伽蓝。运大悲心常乐利乐无边有情。同准提王菩萨仗托无尽诸佛菩萨大悲愿力助护。限四月四日一期之内。阻绝人客默断语言。三密相应心无间断....

准提法发愿与回向讲义

准提法的回向与发愿。发愿就是明确修行的方向，回向就是让修行的功德起作用。发愿是播种，回向可以说是一种收获。回向在修行中是很重要的。

曾有一个公案，佛在世时，波斯匿王发心供佛。有一个贫女她非常贫穷，虽然自己没有什么东西可以供养佛陀。但她每天当波斯匿王供养佛的车队路过她家门口的时候，她都诚心随喜。第三天在波斯匿王供养结束的时候，佛赞叹贫女的功德，她的随喜功德甚至超出了波斯匿王的供养功德，可见随喜的功德之大。由于贫女并没有将她的随喜功德及时作回向，因此在以后当她生起了瞋恨心时而使随喜的功德失坏了，没有起到任何作用。由此可见回向的重要性。

回向与发愿的区别，回向与发愿的区别在于发愿是做善事之前，回向则是在做善事之后。回向，是在完成善事之后，希望善事的功德如何成熟的一种愿望。回向，刚才那个故事告诉我们回向与不回向有很大的区别。我们为父母的健康而诵咒，诵咒后，假如回向了，父母就能得到这一份功德，否则父母并不能得到这一份功德。而且如果我们持完咒没有回向，一旦生起了严重的瞋心，或者对持咒产生邪见，或者对准提菩萨失去信心的话，那么我们以前持咒的这些善根都会因此而长时间不能感果。另外，回向的对象有不同，比如可以为现实的利益回向，如身体健康长寿、消灾免难、升官发财等等。还有个出世间的回向，就是把功德回向无上菩提或回向给所有的众生。这两种回向的方法，在过去一般学佛人的认识中认为两者是矛盾的。现在我们学了准提法两者就不矛盾了，因为现实的利益在准提法中就是菩提果本身。长期以来，人们认为给自己回向是错误的，于是，只给所有众生回向，而不给自己的亲人回向，不给自己回向。无论修的是功德还是福德，自己不享受，将果报献给一切众生，即是他所认为的回向众生之意，自己希求的是能证无上菩提，明心见性。而准提行者的回向要求要实际具体，并符合准提法的特点，要符合准提菩萨的愿望。回向与发愿不要求大、求全、求空，或者说不要只求大、求全、求空，回向要圆满。因为如果自己都得不到利益，还说给别人，这不是自欺欺人吗？我们知道飞机出事的时候，一定是自己先戴上氧气罩再给自己的孩子戴，这才是科学的。不然没有等我们给孩子戴上氧气罩自己就可能不行了，这样，既害了自己的孩子又害了自己。奇怪的是，不知道从什么时候开始，学佛人只要一为自己回向，就好像是不对了。我们要把过去对立的两种回向方法现在合成一体，因为大的回向需要我们自己基本的回向作为基础，为什么呢？因为有人片面的理解回向，认为「回向」是将自己的功德，不自己享受，而将功德转向给众生，认为这是「以一炬之火，数百人以炬来取，此炬如故，福亦如故」，说得也非常好，看似是这个道理。但是我们要知道如果自己的火炬根本就没有燃起来，根本就没有亮起来，拿什么去点别人的火炬呢？道理是这样的。我们的火炬光明给别人，不但自己的火炬光量无减，反而会增加世间的光明。但是这个基础是什么？就是我们自己的火炬要燃起来。所以我们的功德回向，要具体实际，不要唱高调。就是要为自己求，就是要先让自己的火炬亮起来，就是要为世间法的成就而修；满足自己世间名利的同时，才能满足众生的需要，来随顺众生，度化众生。

要回向，要给自己回向；给自己回向，是给众生回向的基础。要回向世间法，回向世间法才符合准提菩萨的愿望，这是准提法的特点。准提法发愿就是回向，回向和发愿是一体的；世间法的回向和出世间法的回向是一体的。出世间的成就是以世间的成就为载体的。我们知道每个法门、每个宗派都有自己的特点，在四宏愿这个问题上也是有所差别的。比如说在寺院的课本中，净土宗的课本中，佛教的四宏愿是："众生无边誓愿度，烦恼无尽誓愿断，法门无量誓愿学，佛道无上誓愿成"。那么这都是回向出世间的，菩提果的，回向众生的。在禅宗的四宏愿中，六祖大师把禅宗的特点、佛性的特点、心性的特点加进去了。什么叫四宏愿，六祖大师说："自性众生无边誓愿度，自性烦恼无边誓愿断，自性法门无尽誓愿学，自性无上佛道誓愿成"。禅宗四宏愿具有它本身的特点，是从向佛性、求开悟这个角度来发愿的。

我们准提法回向发愿的特点，在道大师的《显密圆通成佛心要集》中可以明显地看出来。《心要》中说："发愿门，尽虚空遍法界尘尘刹刹，帝网无尽三宝前。各有帝网无尽身。每一一身各发帝网无尽愿。所谓

无边众生誓愿度，

无边烦恼誓愿断，

无边佛法誓愿学，

无边福智誓愿集，

无上菩提誓愿成，

并自心所乐善愿尽总发之。"

这里有两个点：第一个点就是在传统的四宏愿基础之上，准提法中又多了一个无边福智誓愿集。为什么要加入无边福智誓愿集，以及出世间法和世间法的相互关系，在《准提法开示集》中有一个世间愿望的节选，对准提法提出的无边福智誓愿集的必要性有清晰的阐释。

准提法回向发愿的特点，就是在四宏愿的基础之上加了无边福智誓愿集，即五宏愿。除此之外，道大师在后面另加了一个：并自心所

乐善愿尽总发之。这个自心所乐善愿就是我们自己的愿望、个别的愿望、世间的愿望，这就是让我们点亮自己的火炬。无边福智誓愿集，是指世间的成就，其他的四宏愿是指出世间的成就。准提法的发愿中包含了出世间的成就和世间的成就，并且以自心所乐善愿尽总发之作为一个基础。这就把准提法和四宏愿本身的特点显露无疑了。

道大师除此之外还把四宏愿和准提法的发愿跟帝网观结合在一起，我们在佛前发愿或是修行前发愿的时候，道大师让我们还要进行观想，观想所有的佛前，尽虚空遍法界，每一个佛前都有一个自己，都在这样发愿。使发愿的观修更加深入，观修和发愿回向融合在一起。重点就是我们自心所乐善愿尽总发之一定要具体，什么愿望一定要具体。这才符合道大师对我们修准提法的期望和要求。

在修增息怀诛四法的时候，发愿是把发愿和回向放在咒语中间的。以咒咒愿，以愿助咒，是自力他力，圆满结合在一起的一个很完善的一个修法，这也道出了修法的一个秘密。

道大师在息灾法的时候有这样一段记载：诵一百八遍已，但从唵字诵之，妙言曰唵折隶主隶准提与某甲除灾难娑婆诃，若为自己于娑婆诃上，称自己名字及所为事，若为他人，称他人名字及所为事。那么比如说我们自己，唵折隶主隶准提愿我能够身体健康娑婆诃。如果是他人，唵折隶主隶准提愿我的父母能够健康长寿娑婆诃。这就是发愿和回向直接放在咒语中间了，可见道大师对发愿和回向的重视程度。

我们要避免对准提法错误认识，要避免把准提法这种圆密之法分成两部分。道大师认为很多人都是在求名利。其实我们要承认自己是恶世的凡夫，承认自己是有名利所求之心的。只不过有些人是真正知道自己需要名利，去求名利；有些人是隐瞒了自己想求名利的这种愿望，暗中去求名利。有些人是真想求名利求不到，来逃避名利，所谓的不求名利其实也是求名利。因此道大师说是"用尽身心堪有称怀，无常来至又生下劣之处。如不依佛之圣教，不如干脆诵秘密之神咒，于增息怀法频频作之，所求之事决定遂心，一切罪业悉得消除，无常来至又生胜处，现在未来俱获利乐，岂不善哉？有斯钜利故佛说之。所求之事决定遂心，一切罪业悉得消除。"就是说我们在诵准提咒的时候，我们的世间法是可以得到成就的。我们在所求之事决定遂心，一切罪业悉得消除的当下，我们同时会"现在未来俱获利益"。我们知道道大师是这样说的，但是对于这些求世间法的人，他们并不一定发出世间的愿望。虽然没有发出世间的愿望，但是他仍然能够现在未来俱获利益，无常来至又生胜处。就是说只要修准提法，虽然我们求的是世间的愿望，但是在求世间愿望获得成功的同时，出世间的愿望以准提菩萨不可思议之佛力，也可以满足了。这就是我们求名利富贵修法的结果是无常来至又生胜处，现在未来俱获利乐。所以在我们学法的过程中不要产生发世间愿望不如出世间愿望的这种想法。不要认为世间愿望层次太低，怕别人笑话，觉得发出世间愿望，我要成佛，我要利益众生，我要利益无边无尽的众生，多好听。我们要实实在在的，不要把准提法出世入世圆融的回向发愿而人为的分割成两部分，认为出世间和入世间，出世间就好，入世间就层次低，不要这样想，如果这样想说明对准提菩萨的信心还不是很足。

在世间名利中求成佛道是准提菩萨的修法的特别之处，《心要》中对这个问题道大师早有论述。《心要》中有这样一个问题，有人问：诸佛本意，令断贪嗔痴等，何却令人起贪心，求世间名利耶。就是说我们学佛什么都要放下，为何在讲《心要》、讲发愿的时候，却说要发世间的愿望，求名利富贵，求财富，求智慧？道大师传准提法，写《显密圆通成佛心要集》的时候，问的人一定很多，因此道大师在那个时候也就回答了，答云：诸佛有不可思议度生方便，谓有众生不肯直求菩提（佛道），且随其所乐，令持咒求之，由神咒不思议力，所求之事，尽得随心，一切罪业，亦得消灭，自然超凡入圣，如小儿有病不肯服药，被有智医人涂在母乳，其小儿本食母乳，不觉服着良药除却病苦，故胃索心咒经云，若有众生设以谄曲，为求富贵名利得闻此咒，彼诸众生生生处处，成就智慧福聚之香。道大师在这里举个例子，说准提法是一合药，我们在求世间名利的同时，出世间的成就自然能够超凡入圣，这不是简单的"先以欲勾牵，再令入佛智"的道理。"先以欲勾牵，再令入佛智"是两味药，一味糖丸，一味是药，而准提法是用糖丸包着的药，是一味药，当我们求世间法成就而持诵准提咒的时候，出世间的成就自然就成就了，因此我们一定不要把准提法这"一合药"的特点给割裂了，这是准提法准提咒不可思议的地方。"十地菩萨尚非其境，况生死中人乎"，就是我们不要想太多了，佛的不可思议的力量用我们现在的思想根本就不可能去真正理解，因此我们要做到敢于求世间愿望，敢于发愿，能够真诚的面对自己，能够真诚的来发愿。好多人修佛法不敢发愿，不是不想为世间法发愿，而是怕一旦不灵，影响自己的信仰。我们是真信的，所以要破除自己不敢、不愿求世间法的自己思想上的毛病。如果我们不去真信，就不敢冒这个风险，怕不灵之后影响自己的信仰，其实内心深处还是信的不真。真信之人，就是实实在在地修准提法，我有什么世间愿望，我就是要求准提菩萨来加持我，然后我任劳任怨地工作，按照准提法的理念，按缘起来做事，这样我们的整个人生就是准提菩萨的显现。我们观诵集中所用的回向发愿，大部分都是《普贤行愿品》上的回向发愿，包含了往生极乐世界，这个普贤十大愿，就是道大师所说的"心作帝网等观，口念准提神咒"的显密双修的修法。显圆，普贤行是回向和发愿一体的。密圆准提咒是世间法出世间法的愿望和准提咒是一体的。关于为什么在《观诵集》中把《普贤行愿品》作为显圆的修法，我们在《心要》可以看出，道大师对《普贤行愿品》的认识，以及当时各个大德对《普贤行愿品》的观点。重点要知道，求名利、求智慧、求财富就是为了随顺众生，只有"无边福智誓愿集"才有随顺众生、度化众生的方便。所以道大师的显密双修，就是指的普贤十愿和准提咒。普贤十愿最后一愿是导归极乐世界。所以好多人都问准提法和净土法什么关系？那么从这一两段中准提法和《普贤行愿品》的关系中，我们就知道准提法和极乐世界的关系，修准提法的人都要回向临终往生极乐世界。

准提法回向和发愿的方法是非常灵活的，内容上有要求，但是方法上非常灵活，可以在持咒之前发愿，就是像我们所说的五宏愿就属于持咒之前发愿。可以在咒中发愿，"嗡折隶主隶准提（愿我们准提法能够发扬光大）娑婆(二合)诃"，这就是咒中发愿。也可以在咒的最后面发愿，就是持诵完之后发愿。功课完了之后，我们念一遍《普贤行愿品》的偈子作为持咒后的回向，也可以在一天的开始做个回向。没有时间作功课，就散念，在睡觉的时候，或是一天结束的时候想，愿我一天持咒的功德都回向给我的父母，"嗡折隶主隶准提（愿我的父母身体健康）娑婆(二合)诃"。这也是持咒后的回向。还有一种回向的方法是整体数字的回向，比如说我们发愿念一万咒，那么这一万咒的功德回向给我的孩子，愿他能学习成绩提高。回向我的姐姐，愿她能够组成美满的家庭。或者我念两万咒，回向我的朋友，愿他身体早日康复。这是整个数字作一个回向。我们有个方便法就是回向数定在两万，在修这两万法的时候，念108遍准提咒在准提功德塔上画一个点。当这个塔全画完的时候，我们把这个塔的整个功德作一个回向，作一个愿望的回向。这种方法既能把自己的修行形象化，激励自己继续修行，又能使我们的妄念减少，还能使我们的回向发愿以及修行具体化，有利于把我们的愿望和修行结合在一起。因此现在提倡大家发愿作功德的时候用准提功德塔，用我们画塔的方法，之后在烧火供的时候把功德塔烧了，把这个愿还了。

具体的实际修行中准提法网络佛学院有三个法本，一个是密圆准提咒初学持诵法。密圆准提咒初学持诵法前面包括礼敬文，皈依文，准提赞文（憨山大师准提菩萨赞），龙树菩萨准提赞，准提发愿文，这是密圆在准提咒前的发愿。这里的重点需要强调一下，"自心所乐善愿尽总发之"这个愿望一定要具体。在密圆准提咒持诵的过程中没有帝网观，因为比较简单，属于单修密法，所以没有帝网观。但是回向的时候要加上咒中的愿望，就是"嗡折隶主隶准提（愿某人什么事如意）娑婆(二合)诃"，然后再进行一个整体的回向，"愿以此功德，回向准提法，现前及当来，遍扬十方界，一切众生闻，得无尽利益，善愿皆成就，往生佛净土，究竟成佛道。""愿以此功德"就是我们刚才持咒念诵的功德，回向给什么呢？"回向准提法，现前及当来，遍扬十方界"，这个回向是在报佛恩。我们受准提菩萨的加持，释迦牟尼佛教给我们准提法，我们就要报佛恩，希望它（准提法）现前及当来，遍扬十方界。因为遍扬十方界，我们就是在度化众生。因此这个愿望既是报佛恩，又是在利生。那么"往生佛净土，究竟成佛道。"就是我们要成佛，这个回向是圆满的，发愿也是圆满的。发愿在四宏愿中，加了一个"无边福智誓愿集，并自心所乐善愿尽总发之"。回向文中"遍扬十方界，一切众生闻，得无尽利益，善愿皆成就，往生佛净土，究竟成佛道"，这个"善愿皆成就"当然包括我们自己，而且加上"嗡折隶主隶准提（愿....如意）娑婆（二合）诃"，这是一个很完美的回向发愿的方法，因此它是符合道大师准提法，符合《心要》准提法的精神，与准提菩萨的愿望是相应的。

《显密双修准提法观诵集》中精简版是提供给工作非常忙，没有时间念《普贤行愿品》长行的人们，所以把《普贤行愿品》的长行去掉了，保留了帝网无尽观。我们知道帝网无尽观就是《普贤行愿品》。它是通过观想和念诵结合的方法达到发愿和回向的目的。在简明诵法中回向也是一样的，"嗡 折隶 主隶 准提 （愿具体人具体事如意） 梭哈 "以及整体的回向。在我们正修准提法之中，我们的回向和发愿也是一体的。也就是说在发四宏愿的时候，一定要加上"无边福智誓愿集，并自心所乐善愿尽总发之"，这样才符合道大师的特点。《显密双修准提法观诵集》中，最重要的一点就是准提发愿文，修行之前一定要念。如果不念的话，在咒中一定要加上"嗡 折隶 主隶 准提 （愿某人什么事如意）梭哈"这一点。这是符合道大师准提咒修法的思路，符合《显密圆通成佛心要集》的精神。观诵集中大的技巧就是把《普贤行愿品》的偈子作为一个大回向品，既包含了回向，它本身又是观行，又是回向又是发愿又是修行，可谓圆中之圆，密中之密，显密双修的特点尽显无疑。所以我们希望大家能珍惜《显密双修准提法观诵集》，它是非常符合道大师《显密圆通成佛心要集》准提咒的思想，也是对准提菩萨无边慈悲愿望的一种实行，这就是我们三个法本的发愿与回向。

三个专业不同，回向的重点也应该有所不同。我们知道事业师的回向是在事业上，偏重在事业上。教授师的回向应该偏重在智慧上。咒师的回向应该重点在自身功德的增长上。这当然不是绝对的，只是应该有所偏重而已。

我们在回向和发愿上最容易犯的错误，就是千万不要割裂准提咒圆咒的特点，不要避开世间法。最重要的是不要回向法身和空性，也不要说三轮体空的修法好、层次高。我们不要三轮体空。我们不是说三轮体空不好，因为这个空很难。因为我们不知道什么是真正的空，往往那个空都是断灭空，都是偏空。在这种空的理解下去三轮体空的修行，最后的结果那真是一场空。因此我们还是老老实实，"宁可执有如须弥山，不可执空如芥子许"。实实在在、真真正正的按缘起来修行，按缘起来做事，才符合我佛之本愿。我们知道别部法的特点就是准提菩萨的慈悲之处。我们要反对佛教居士不追求世间的成就，反对佛教居士不追求世间福报。如果不追求世间福报，不追求世间的成就，那其实就是对准提法不信的一种表现和对准提理念不能完全领会的表现。因此我们要重新来审视"唯信而持之，速得道果，若不生信空无所获"。《心要》中对出世间修法也要发愿。出世间修法的发愿略有不同，重点是放在要"常运大悲心"。四个坛法以外还有个出世间坛法，道大师对修出世间坛法的人，提倡用大悲心，常乐无边有情。

阅读高七师北京大学佛教人生讲座系列（见本书附录二）

初级课程第四旬试题

1.自身福报的聚集愿望的实现与随顺众生的关系？

2.净土、禅宗、准提法发愿与回向的关系与区别？

3.道大师在四宏愿中加上无边福智誓愿集的意义？

4.准提法修持中回向最容易犯的错误是什么？

5.楞严咒与准提咒在修法要求上有什么不同？为什么说楞严咒 适合出家人修行，准提咒更适合在家人修行？

6.愿望一定要具体。那么，如何才算是具体的愿望呢？愿望的具体描述应该具备哪些特点？

7.准提法一合药的思想，与传统的"先以欲勾牵，后令入佛智"，有哪些相同的地方和不同的地方？

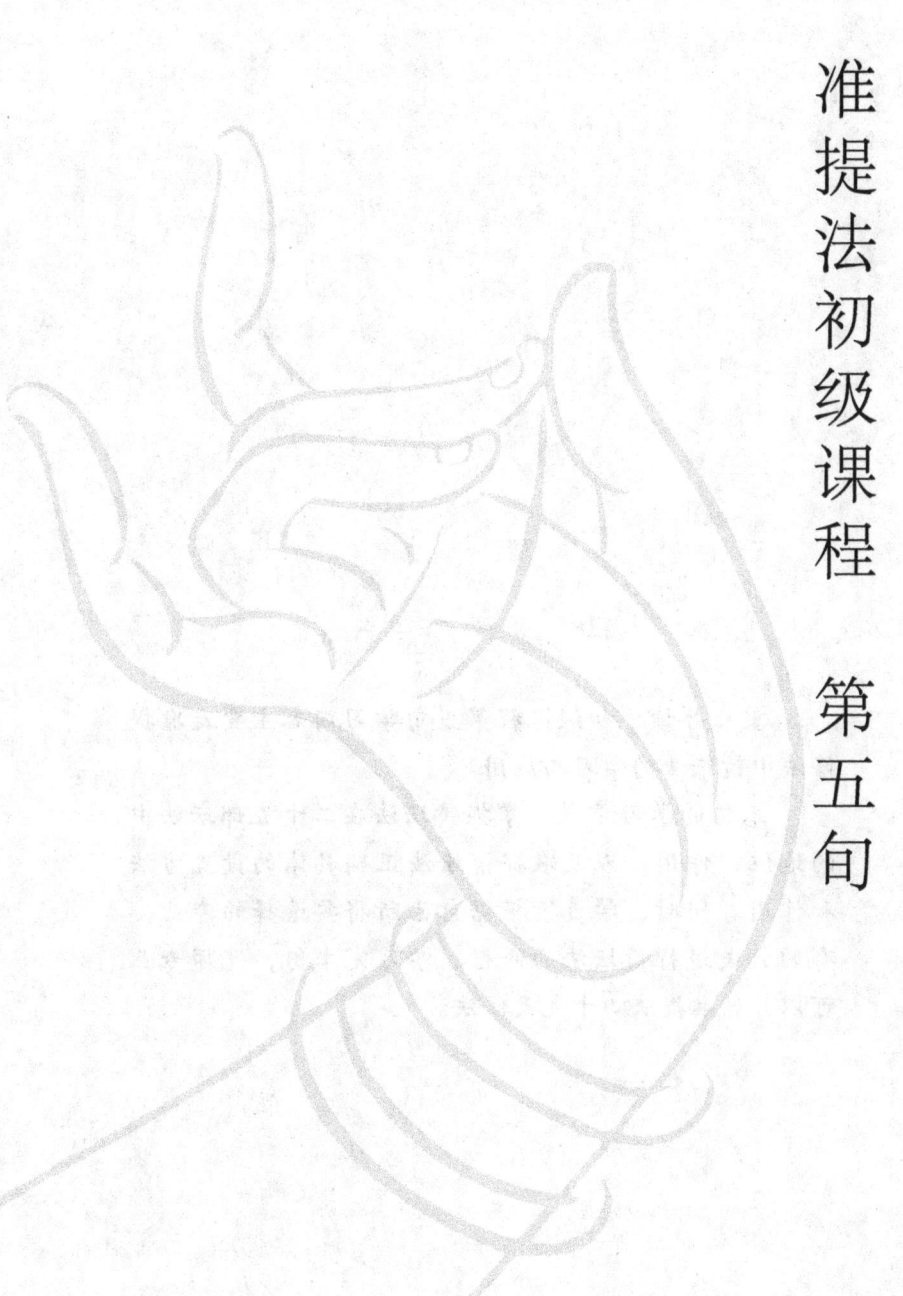

准提法初级课程 第五旬

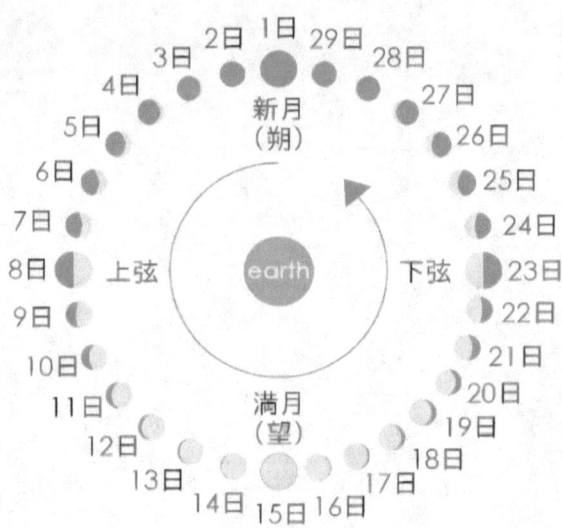

　　重点导读：初级课程第五旬学习内容主要是准提修法中镜坛法的学习与应用。

　　本旬的学习重点：掌握镜坛法在二十五部坛法中的地位、作用，以及准提镜坛法正确具体的设置方法和作用。同时，学员可根据自己所将要选择的专业，有的放矢进行镜坛法的修行。学习完本旬，咒师专业可以开始准提法四十九天修法。

准提法镜坛法概要

如何设镜坛

若欲成就坛法。不同诸部广修供养。掘地香泥之所建立。但以一新镜未曾用者。于佛像前随月十五日夜。面向东方置镜坐前。随力庄严诸供养具。烧安息香及净水。然后结印在于心上。咒镜一百八遍。

（一）用的时间

1.以囊盛镜常将随身。每欲念诵但以镜坛置于面前。结印诵咒。

2.若不能逐日对镜念诵。但于十斋日对镜念诵。除十斋日外不对镜坛持诵亦得（密藏之中今此镜坛最为要妙。总摄一切诸坛。十斋日者。所谓一日八日十四日十五日十八日二十三日二十四日二十八日二十九日三十日）

（二）观想的替代

若无镜者但想一镜者于面前持诵。净诸恶趣经等多说。想成坛法持诵为上。或不能想得坛者。但只专注持咒。

（三）准提镜坛特点

为准提坛法人易成办故。但以一新镜未曾用者。便是坛法。不同余咒建办坛法。须得拣选净处。香泥涂地广造佛像。多用供具方能成就（有财物者。广造佛像多办供具。于佛像前安置镜坛。对之持诵更妙）

（四）对镜前的观想

又真言行者。每日对镜初欲持诵时。或只依前先想自身顶上有一梵书 𑖗 唵字。犹如明珠。然后持课。

（五）坛法必用

《显密圆通成佛心要集》曰：若作息灾法者（为除恶业重罪烦恼等障。种种灾难官事口舌。鬼魅所着恶星凌逼等。）行者面向北。交脚竖膝而坐。像面向南。于准提像前安置镜坛（更想一白色圆坛。于圆坛中遍想ཨ嚩字或ཨ鍐字。尊像供具并行者自身俱想在圆坛之中。或于像前只涂拭一圆坛亦得。）

若作出世间法者（为欲速满福德智慧二种资粮。及顿圆十波罗蜜超越三无数劫。今世祈克圣果现前）。行者在于山间深谷。殊胜岩窟清净伽蓝。运大悲心常乐利乐无边有情。同准提王菩萨仗托无尽诸佛菩萨大悲愿力助护。限四月四日一期之内。阻绝人客默断语言。三密相应心无间断。行者面向东（余方亦得。就中向东最吉。或全跏坐或半跏坐。或随意坐俱得）。像面向西。于准提像前安置镜坛（行者顶上想ཨ嚂字。变成火轮烧尽自己有漏之身。复想大莲华上有ཨ阿字。生成无漏智身。更想ཨ暗字灌顶已。又想ཨ嚂字变成大火。烧此有为世界。如同劫火烧尽无遗。但有空寂。复想建立无为之坛。于最下方遍想ཨ欠字。杂色而为空轮。于空轮上遍想ཨ含字。黑色变成风轮。风轮上遍想ཨ嚂字。赤色变成火轮。火轮上遍想ཨ鍐字。白色变成水轮。水轮上遍想ཨ阿字。黄色变成金刚地。于金刚地上遍想有大莲华。一一莲华上皆有准提菩萨。无量圣众围绕。一一准提前皆有行者自身。一一身各出无量华果饮食幢幡等诸供养具。而为供养。又皆对准提镜坛三密相应。又行者若无准提像。并华果饮食等供具。但作此观亦得吉祥成就）。

（六）功德利益

准提真言既总摄二十五部真言。准提镜坛亦总摄二十五部坛法。谓二十五部中坛法。或用形像印法梵字等。各各不同。今准提镜坛。总摄此一切诸坛法也。故准提经云。总摄二十五部大曼荼罗。梵语曼荼罗。此云坛也。是知镜坛最尊最上。能灭一切魔障。能生一切功德。眼见身戴皆获利乐。故昔人云。坛者生也。出生无尽功德故。坛者集也。无边圣贤集会之处。如方珠勺月水出。圆镜对日火生。磁石引针琥珀拾芥。尚有难测功用。况诸佛不思议坛法耶。今有寡见闻者迷于密教见用镜坛却生毁谤。然三世如来未有一佛不依坛法。而得成道度众生也。幸广见闻速改其谬。

（七）别部法中的坛法

第一作坛法

佛言：若求成就先依坛法，不同诸部广修供养、掘地香泥之所建。但以一新镜未曾用者，于佛像前随月十五日夜，随力庄严诸供养具，烧安息香及净水。先当净心无所思惟，然后结印诵此真言，咒镜一百八遍。以囊盛镜常将随身，每欲念诵，但以镜置于面前结印诵咒，依镜为坛即得成就！

第二念诵法

佛言：欲持诵此咒法成就者，于白月十五日夜，清净澡浴，着新净衣，面向东方，结跏正坐，置镜坐前，随意花香净水诸物。先当净心供养，然后结印印于心上，诵咒一百八遍。诵此咒加持，能使短命众生还得增寿，迦摩罗疾尚得除差，何况余病，若不消差无有是处！每月十斋日，每于晨朝，清净水漱口，面向东方，诵一百八遍然后吃饮，纵有妻子、不断荤血，亦当成就。

第三成验法

每月十斋日，以镜为坛，结印念诵。除十斋日外，不须对镜结印，但于平旦未食荤血时，诵此咒一百八遍。如是不绝四十九日，每有善恶吉祥灾变，准提菩萨令二圣者常随其人，所有善恶心之所念，皆于耳边一一具报。

准提法镜坛法讲义

准提镜的修法是准提法的三大特点之一。准提镜坛比较容易承办，相对于其他坛法的复杂要求，比如掘地七尺、香泥铺地等，准提镜坛对环境或其他硬件要求不高，只要找到一面没有用过的新镜即可。

准提镜坛的修法，按照准提镜修法仪轨，首先要对准提镜进行加持。那么，谁来加持呢？谁修行，谁加持。最好是我们自己亲自加持准提镜。于是，从修法之初，这面镜子就是我们自己的，镜坛就是我们自己的镜坛。加持镜子的时间，一般都选在农历十五的晚上，人面向东方，镜子面向西方，然后根据自身的能力供养供品。修准提镜坛唯一的重点就是，一定要燃安息香，并用"唵蓝"清净供品。以上是准提镜第一次修法对时间上的要求，对镜子、修行人的位置，以及供品、所燃香的要求、结印持诵的要求；还有意念上的要求，就是我们在持诵时，意念要在镜子上。关于修镜坛法，在《准提法开示集》以及《准提法问答集》中均有比较详尽地回答。如果有准提镜坛法的相关问题，请参考上述两书中的镜坛部分。

用准提镜来修行，可以增加我们修行的效果，也为我们以后修"增、息、怀、诛"四个坛法提前作准备。用准提镜来修行可以当下净化我们现在修行的环境，可以代替我们的观想而成就我们的坛法功德。经常对镜持诵，慢慢的准提镜本身也会有法力存在。

镜坛的功德

什么是坛？梵语就是"曼荼罗"的意思，是升起、聚集的意思。升起的是佛法的无尽功德，聚集是无边圣贤集会之处。只要有镜坛存在，它就会生出无尽的功德，也有很多佛菩萨护法自然集会于此。犹如千山万水图，和华严微尘观一样，所有佛的境界都于此镜坛中显现。对镜修持等同于我们在诸佛面前，在佛的净土中来持诵准提咒。

准提真言总摄二十五部真言，准提镜坛也一样，总摄二十五部坛法。其他坛法所具有的功德，在准提镜坛中也都具有。准提镜坛是所有坛法中最好的，能灭除一切魔障，能生一切功德，眼见身戴皆获利益。即使不修行，只要戴在身上，或是看着准提镜，都会获得很多利益。因此道大师在开示准提法三大特点的时候，特别提出镜坛易办这个特点。另外一个就是染净不二的特点。

如何使用准提镜呢？有两种用法。一种用法就是以囊盛身，常带身边。只要戴在身边就有功德，就获利益；当我们持诵的时候，结印对镜持诵。另外，如果我们不对镜持诵也可以，这个镜坛仍然有它的威力，最低要求是一定要在十斋日对镜念诵，除十斋日外不对镜念诵也无所谓。（十斋日就是阴历的一日八日十四日十五日十八日二十三日二十四日二十八日二十九日三十日）

如果没有条件请到镜坛，道大师说可以用观想来替代。观想我们的面前，有面准提镜，观想身在准提镜坛中持诵，这样的效果非常好。如果我们也不会观想，那就只是持咒也可以。道大师说了：最好能够对镜持诵，观想对镜持诵亦可，不观想只持咒亦得，这是观想对镜坛的替代。

准提镜坛的特点就是镜坛易办，只用新镜就可以。不同余咒建坛，有的需掘地七尺，地下有脏东西都不可以，而准提咒坛法承办起来就比较容易，这是它的特点。我们修法的时候如何对镜观想？实际上只有在第一次（阴历十五）念诵准提咒的时候，意念才在镜子上，其他时间并不需要对着镜子有任何想象。重点是放在自身的变化上，重点是观想自身，观看和观想准提菩萨。《心要》中说，真言行者每日对镜欲持诵时，只依前面所想自身顶上有一梵书𑖀嚂字。犹如明珠，然后持诵。也就是说，我们修行的时候，对镜修行不是让你看着镜子来修行，而是要把观想放在自身和放在准提菩萨身上。准提镜坛最大应用一般都是在修"增、息、怀、诛"和出世法的时候。

息灾坛法

修息灾法时，要在准提像前摆上准提镜，设置镜坛。不仅要把真的镜子摆在那儿，而且我们自身还要观想。这个观想就是要真的观想出一个白色的圆坛，而且准提菩萨在坛中，准提菩萨前面的供具也要观想出来，并且观想出准提菩萨面前，我们在准提菩萨面前持诵。一、准提像前要放置准提镜；二、要进行观想。观想的内容包括三方面：1.要观想出准提菩萨，2.要观想出供品，3.要观想出自身都在圆坛里。这是"增、息、怀、诛"四法准提镜坛的应用方法。

出世法的准提镜坛方法与前四法有些类似。也是于准提像前安置镜坛，同时对准提镜坛进行观想，要求对准提镜要三密相应来修行。

准提镜坛的设立

刚开始修准提法的时候可以设置镜坛，或者干脆不用镜坛的修法也可以。修到一定阶段之后，在对准提法有一定体悟再设置镜坛，那样可能我们对镜坛的信心，对镜坛的意义有了了解之后，修起来效果更好一些。我们对学员有个特殊的要求，就是要连续修四十九天的准提修法以后，再在阴历十五日夜对准提新镜进行开光、加持。为什么要四十九天之后再对镜修持效果更好呢？这里有很深的内容，会在中级班课程里详细讲。通过七个七，七七四十九天修行以后，我们的身体、气脉都会有很多的变化。这种变化往往是连续的，一旦中断了之后身体的变化还要从头再来，因此连续修行有连续修行的优点和好处。如果讲得太多大家反而去执着它，不如干脆按老师的要求，一步一步的修行。通过这样的修行对准提咒就会有很深的体会，一是身体上会有体会，二十一天左右我们的业力会很快的消除。二十一天以后我们的身体是一个新生的过程，这个四十九天就是一个过去的我们消失，新生的我们重生的一个过程，之后再修镜坛法会更好一些。有些特殊情况的人修准提法就可以完全按照镜坛来修。连续修行很重要，因为连续修行的过程会对整个身体的改造形成一个系统化，前二十一天可以说是重点改造我们身体上的血液跟水有关系的物质，五蕴中跟水火风有关系的物质。如果想改变骨骼与地大，与地蕴有关的必须是在二十八天以后才能真正起到作用。善无畏大师在法本中让我们不绝四十九日来念诵，"不绝"是什么意思？就是说四十九天不能间断。这个四十九天不能间断是有很深的深意的，在中级班我们要结合中阴身的形成来讲，四十九天就是我们旧的身体被改变，新的身体无漏之身生起的过程。

咒师、教授师专业准提修法之四十九天修法仪轨

准备选择咒师、教授师专业的学员，从第五旬开始，可以自己选定日期，进行连续49天修行。

修法要求：

一、念诵发音：要开口大声念。

二、连续修行四十九天，修行期间不得间断，如间断需重新开始。

三、必须在每天早晨修法，有特殊情况可以在晚上修。

四、修行仪轨及内容按照学院出版的《显密双修准提法观诵集》来修。

五、修行数量上，学院要求咒师专业学员在修四十九天修法期间每天念诵咒数不少于一百零八遍准提全咒和一千遍准提咒心。

六、四十九天修法开始的时间最好是农历十五以前。

初级课程第五旬试题

1.修准提法一定要设镜坛吗？

2.准提镜坛的功德有哪些？

3.第一次对准提镜修行的时间、方向、念诵方法、供品有那些要求？

4.镜坛的应用方法有哪些？

5.能够成功连续49天做一件事情，这个对你的工作、生活还有什么特殊的意义？会对你以后的生活带来哪些不同？

准提法初级课程　第六旬

重点导读：初级课程第六旬，内容是学习《释迦牟尼佛的一生》，掌握有关原始佛教的一些基本概况、基本概念，以及佛陀的生平。

　　学院推荐并编辑的《释迦牟尼佛传》，有两个版本，学员可以自由选择。

各专业修学定课

事业师、咒师：《释迦牟尼佛的一生》

教授师专业：《释迦牟尼佛传》

事业师、咒师、教授师：《佛陀十大弟子传》

初级课程第六旬试题

1.佛陀认为修行的中道是什么?

2.佛陀的五位侍者为什么出家?

3.佛陀是什么种族?当时印度有哪几种种族?

4.佛陀出家为了解决什么问题?

5.佛陀尝试哪些方法来解决这些问题?

6.什么是正道?

7.什么是四谛?

8.佛陀的一天都如何来安排?

9.佛陀的一年是如何来安排修行讲法的?

10.佛陀成佛后如何对待父母的?

11.什么是夏安居?

12.佛陀如何对待自己的祖国被侵略的?

13.佛陀在家名字叫什么?国家的名字?父王的名字?

14.简述佛陀出家前的生活?

15.什么是十二因缘?

16.什么是五明?

17.佛陀的思想与当时的印度其他流派最不同的地方是什么?

18.佛陀的十大弟子你最喜欢谁?

19.当时有寺院么?佛陀在哪里讲经?

备注：因为本旬作业很多，您可以根据自己的时间来延长本旬的学习，如需参考答案，请联系本班班主任。

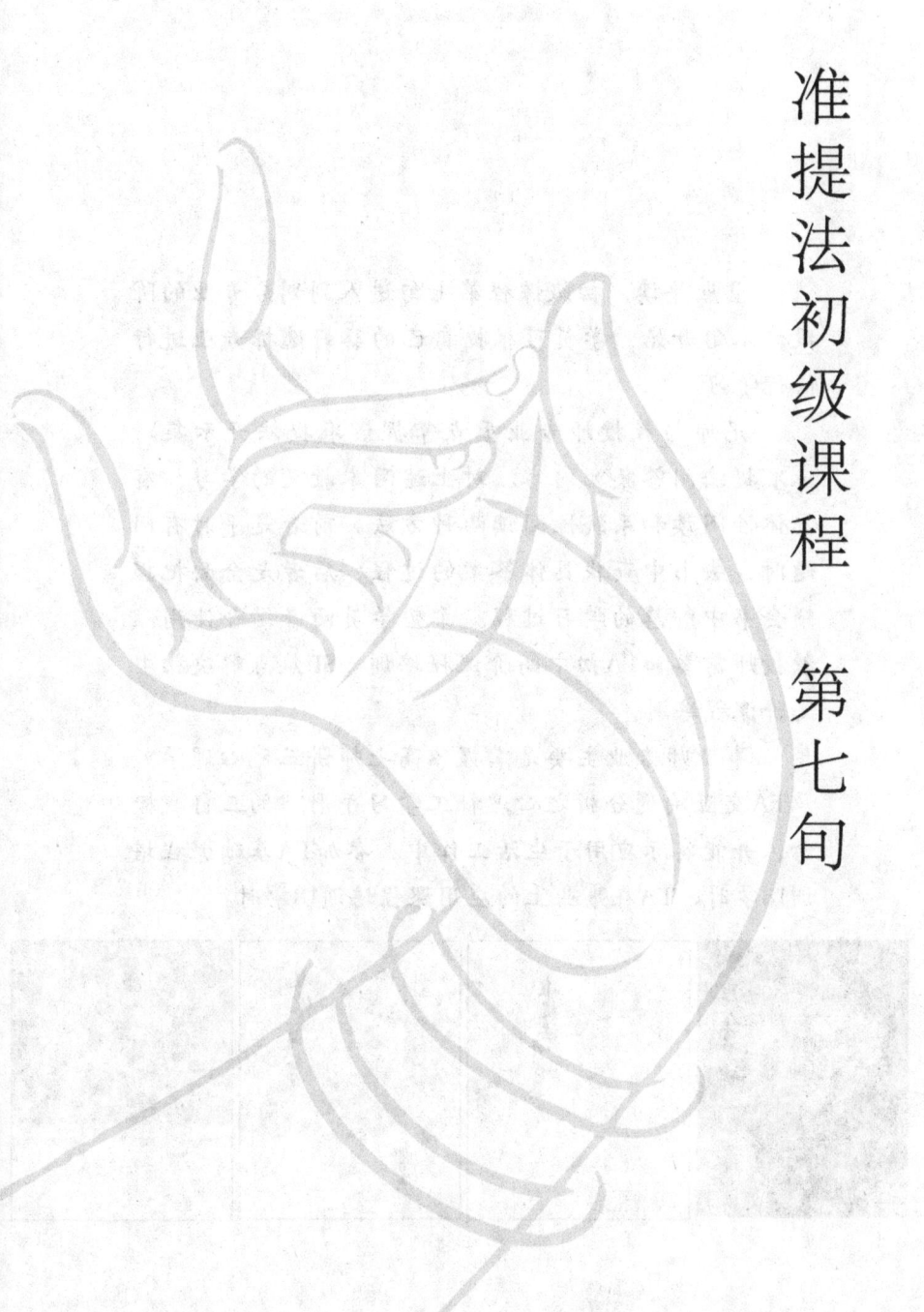

准提法初级课程　第七旬

重点导读：初级课程第七旬进入到划分专业的阶段，本旬开始，学员可根据自己的喜好选择专业进行修行学习。

咒师与教授师专业重点掌握《准提法开示集》《准提法问答集》内容。对上述两本教义的学习，有具体性阅读和系统性阅读两种方法。前者是平时有问题时，去书中查找具体答案的过程；后者是全面把握领会书中智慧的学习过程。希望学员两者结合使用。教授师需参加TA初中高阶课程培训、SF焦点解决初中高阶课程培训。

事业师专业主要是掌握《高七师讲三元心理学》《TA交互沟通分析之心理社工学习手册》的三自我概念，并能实际应用于生活工作中。参加TA基础课程培训18学时、TA在事业上的应用课程培训18学时。

各专业修学重点

教授师与咒师专业背诵《法报化三身修法》精髓

法、报、化三身的划分。三者的各自修法是绝对不一样的。如果不把这三点划分清楚，会造成学佛思想上的混乱。

比如说，《金刚经》上说，若以我相、人相、众生相、寿者相求我，是人行邪道——不可着相。这是讲的法身。《观无量寿经》让你观落日、悬鼓，天天想太阳、鼓、庭台楼阁的形状，阿弥陀佛眉间毫毛是什么样子等等。修的是什么？净土。是报身的净土。善导大师说看到阿弥陀佛了，有人会说他老人家着相！那不是阿弥陀佛，《金刚经》不是说佛是没有相的吗？类似这样的矛盾会出现很多很多。

又比如，戒律方面，是讲缘起条件的，就是说我们的这个化身应该如何行事的法则。但是对于求法身的修行者来讲，戒律都没有必要了。所以达摩祖师才说梁武帝没有功德——禅宗讲什么都放下，讲究不二。那好！你杀人与不杀人，都是不二。那你能杀人吗？这边杀了，那边警察就来了。你还说自己不二？

所以，我们要对修行的方法进行划分，哪些是法身修行方法，哪些是报身修行方法，哪些是化身修行方法。如果混淆了，修行会产生混乱。

打个比方，极乐世界有个城池，释迦牟尼佛告诉一个会游泳的人：极乐世界有条河，可以由河游到城里去；而后又遇到另一个人

（他会撑杆跳），对他说：极乐世界的墙不高，你可以跳进去。遇到个腿脚不太好的老太太，对她说，城的这边有个门，你一推就进去了。这是打比方，一个是给居士讲的，一个是给罗汉讲的，一个是给菩萨讲的。这些方式，都可以到极乐世界去。我们如果不用这种应机的划分方法，会产生很多的错误认识，甚至发生"把佛经神秘化成自以为是"的事情。

把上面三个人的故事听完，有些人可能以为到极乐世界，要先过一条河，然后要撑杆跳，最后才有个门进去。他就会从这儿游过去，然后跳一下，再推门。如果不按这三点划分的话，就会犯这样的错误。

宗派的发展，有好处——有利于教团的发展。但宗派发展到一定程度了，会觉得东西太简单没有意思；要完美自己的宗派理论概念，在圆融的过程中，可能要走极端。就是，把本来简单的东西变复杂了——确实吸引人，但易行道可能变成难行道了！

所以，我们从佛教思想的发展、进入中国的情形、我们面对现实的复杂情况等方面来看，如果不采取这三种鉴别方法的话，我们就不能选择到适合自己修行的法门。

现在社会复杂、竞争激烈，我们需要选易行道；我们要选择居士修行的方法；我们对法、报、化三身的修行方法要明确（详见高七师的《圆觉经讲义》）。

要明确下来，我们到底要修哪个，我们需要取舍，有些般若类的经典，比如《金刚经》、禅宗等，以修法身为主；密乘，基本是修报身，这只是说倾向，不是绝对的。律宗是修化身的；华严境界，就是融合法身和报身的。它们之间的关系，在我们深入学习之后，就会掌握了。

有了这个"大理念"之后，我们才真正能把现有问题，放在大缘起中来看，以及如何正确地处理它。居士是入世的，比丘是出世的。

我们处理问题时，往往在这两点上把握不好。

佛有三身。第一法身。身是积聚义。凡夫众生，是积聚业报以为身，随业受报，感召四大色身。佛是业尽识空，只有一个清净之身，妙色之体。法身是理积聚，就是积聚真如妙理为身。真如是圆满清净，遍一切处，法身是心包太虚，量周沙界。印度语毗卢遮那，意译为遍一切处，清净法身，犹如虚空一样的，圆满周遍，十方世界。法身：有自性清净法身，离垢妙极法身二种。自性清净法身：是众生本来具足的天真佛性，在有情众生分上，叫做佛性，在无情万物方面，叫做法性。经中有说："情与无情共一体，处处皆同真法界。"离垢妙极法身，是佛在因地之中，修德有功，离了五种烦恼，断了二种生死。（二种生死是分段生死与变易生死）得证无上菩提道果，究竟成佛。过去有一位香岩禅师，听到扑竹声音，忽然大悟，他说："扑竹非他物，纵横不是尘，山河及大地，全露法王身。"苏东坡说："溪声便是广长舌，山色无非清净身。"清净身，就是法身佛。

第二是报身佛，报身是智慧积聚，就是积聚一切种智以为身，智慧究竟圆满，妄惑彻底断除，叫做圆满报身。卢舍那意译为净满，就是惑净智满的意思。报身有自受用报身和他受用报身二种。自受用报身：就是佛的智德究竟圆满无上菩提，断得究竟永离二种生死。得证菩提觉法乐，与涅槃寂灭乐，这是根本智，以真智住真境，是佛自己受用的报身（真境：指常寂光净土）。他受用报身，就是《华严经》说的："如来现起他受用，十地菩萨所被机。"可是二乘圣人，是有眼看不见佛的卢舍那身，有耳不能闻佛的圆顿大教。十地菩萨根机大，智慧大，就能够看到报身佛的无量无边相好庄严，这是得后得智。正如赞佛偈说："阿弥陀佛身金色，相好光明无等伦，白毫宛转五须弥，绀目澄清四大海。"这报身佛的庄严相好，是为十地菩萨发心大士所得受用，这是他所受报身。

第三化身佛。化身佛是功德积聚，积聚无量无边的殊胜功德以为身。佛是"三祇修福慧，百劫种相好"，能以妙观察智，观机施教，随类现身，普度众生。化身佛有示生化身与应生化身二种。示生化身佛就是应众生之机，以大慈大悲之心，能够大权示现。从兜率宫降生人间，到净饭王皇宫为悉达多太子，示现八相成道。八相成道就是：离兜率、降皇宫、入母胎、出母胎、出家、降魔、转法轮、成佛道。这是小乘教的八相。如果说大乘教的八相成道。就是除了降魔一相，换上住母胎一相。佛十九岁出家，三十岁成道，说法四十九年，把所有一切与佛有缘众生统统度尽，到了八十岁，就入大涅槃。于无生之中示现受生，于无灭之处而示现灭度。这就是《释迦如来成道记》开头说的二句："净法界身，本无出殁。大悲愿力，示现受生"的道理。此即示生化身佛。应生化身佛就是随类化身，如《观世音菩萨普门品》说的应以佛身得度者，即现佛身而为说法。应以比丘身得度者，即现比丘身而为说法，乃至应以梵王身得度者，即现梵王身而为说法。所以说佛在菩提树下得道以后，在一段时间里，能够双垂两种的相好庄严。一种是劣应身，一种是胜应身，也就是说：一方面在寂灭场，示现一千丈高大的卢舍那佛的身，为地上菩萨说圆顿大教的《华严经》，这是现胜应身。另一方面，同时又在鹿野苑现一丈六尺高的老比丘身，为憍陈如等五位比丘，三转四谛法轮（四谛就是苦谛、集谛、灭谛、道谛）。这是佛现劣应身。总之释迦牟尼佛，他能够分身十方世界，微尘刹土，普度众生。这即是"一身不分而普现，万机咸应以无违。"就像洪钟挂在架上，扣之则鸣。月亮悬在天空，能于水现影。古人说得好，"千江有水千江月，万里无云万里天"。这真是不可思议的无作妙力的境界。这就是化身佛。

《圆觉经》讲义节选

同样，对于《圆觉经》，这点也很重要。这里是求圆觉求法身的，不是用来作世间法的。如果用来指导自己做事情，做事业的话，那么要用缘起化身和观想报身的方法。所以一定要清楚：看到的经典和学到的方法，是用来修法身的？修报身的？还是修净土的？一定要把这个范围划分清楚。

很多人往往因为对佛教理论存在疑问，但最后多没有讨论出个所以然来。最重要的一个原因，就是大家所讲的观点、标准不一致。等于是两个不同范畴之间的比较、争论。特别是关于心的概念：都讲一切唯心，但对心的概念，都还不是很明确！这样就造成你说你的，我说我的，根本就不在一个范畴里。所以说，本经在最开始，佛就把这部经的范围讲清了。这是一部佛从法身现到报身，讲如何证得如来法身的了义经。只要讲了义，就是讲法身第一义谛的。

思考题：你都看过什么经书，请把你看过的经书按照法报化进行分类。

> 重点词：法身：不二、无相、性空、寂静
>
> 报身：观修、净土、六度、幻化
>
> 化身：传记、因缘、律行、愿行

咒师背诵学习内容

准提梦境成就（见《准提法问答集》之准提梦境成就与精选高七师准提赞集）

事业师专业背诵《准提理念》

我们如果想获得更多行动自由，则我们也将担当起更多责任。

使人渴望转变的三种因素：痛苦、厌烦、进取心。

用尝试取代意愿，就有成功的希望；以行动取代意愿，成功就会成为现实。

你要知道，打倒你的不是挫折，而是你面对挫折时所持的心态。

于准提法修行绝对不参杂。以阿弥陀佛为归依，以准提菩萨为现依，一心一意。

谋事在我，成事在缘，缘在于聚，聚源自累。

对技术手段要理性的学习与思考，并设计最佳策略；讲究实事求是，有条理有节制地对经营活动理性化程序化。

克服自我业力下的情绪，有计划、有目的、有推演、冷静无情地权衡利弊、规范行为。

生起对弥陀的绝对信心，心怀临终往生极乐世界的大出家思想，不提倡以逃避现世责任为真正目的的小出家。

人生有不断发展的目标，每天有明确的生活目的，不仅要觉知当下破除小无明，更要觉知人生破除大无明，反对随遇而安放浪人生的思想。

在对人生的幸福、事业的成就、理想的追求中成就法身慧命，提倡积极创造价值、推动发展的社会行为，反对一切掠夺、消极、反动。

佛力是种子，自力是水分、学习是养料、交流是阳光。

重视佛母给予行者的家庭角色、职业角色，明了自己的生活目的，一切成功、财富、名利、快乐都是佛母的显现与自我努力的结果。

自我的业力渐灭，佛力不断显现于生命中。佛力的显现都是从缘起上显现出来的，反对神秘的超自然的乱相。

我的样子很漂亮、我的性格很热情、我的身体很健康、我的工作很认真、我的生活很美好。我爱我自己、我爱我的家人、我爱我的朋友！

珍惜心间的每盏光明，点亮每盏心灯。

佛与众生皆是缘起，知缘起性即知佛性，行缘起法即行佛法。

高处着眼，低处下脚。大处行愿，小处用功；未来大事，当下即施。

具足往生信心，并临睡念佛，是准提弟子能安心工作和享受生活的根本保障。

愿我临欲命终时，尽除一切诸障碍，面见彼佛阿弥陀，即得往生安乐刹。临睡念佛回向极乐。

自己喜欢的别人不一定喜欢，自己所讨厌的别人不一定讨厌。

事业生活有目标有计划，就是破除人生大无明；当下了知身行心念即是破除自身小无明。

快乐、财富、理智是准提菩萨的显现。

遍观法界性，一切唯心造。愿我每一念，变换此世间。

每个人，既是演员也是导演。三年后的生活状态决定于我们现在的所为；我们现在的所为，决定于我们当下的所思所欲所计。

初级课程第七旬试题

1.摘出《准提法开示集》中你认为最精彩的三个片断，并对其主题给予评述。

2.《准提法开示集》中是如何讲解"退一步海阔天空"的？

3.初学每天大声念的好处？

4.为什么会有七七俱胝如此多之准提菩萨？

5.认真看《准提法开示集》中"融入你每个生活细节的方便法"，策划一套与你的生活细节有关系的修行方法。

6.什么是准提法的心镜？

7.什么是"念头资源"？如何利用？

8.请你用自己的语言来复述绍伟华和玛吉拉准的故事。

《TA沟通分析心理学》试题

1.什么是儿童自我状态？分别举出你自己、你的家人、你的同事的三个例子，说明你认为他们是儿童状态的原因？

2.什么是成人自我状态？分别举出你自己、你的家人、你的同事的三个例子，说明你认为他们是成人状态的原因？

3.什么是父母自我状态？分别举出你自己、你的家人、你的同事的三个例子，说明你认为他们是父母状态的原因？

4.对照"三自我关系表"，分析对于你事业最重要的人，他的三种自我状态？

5.分析自我的三种状态和显现时间，以及周围人对你的评价？

准提法初级课程 第八旬

第八旬学习内容

《禅宗净土律宗导读》
《五大菩萨导读》
《佛法概要》

初级课程第八旬试题

1.咒师和事业师专业学员，写一篇准提法感应事迹和事迹评述。

2.教授师专业学员，写一篇关于度人的法布施功德的文章。

3.《五大菩萨导读》《禅宗净土律宗导读》《佛法概要》不留作业，希望大家自己安排时间在本旬内阅读，阅读要求对上述文章的理解率达到50%，并在以后的学习中逐步加深理解。

4.《显密圆通成佛心要集》中讲述的准提十大功德门，你个人对哪个功德门理解或感触最深？为什么？

如何升入中级班

当您经过准提法网络学院初级班的学习，通过学院的段位考核评定被评为三段学员。

您申请参加学院的中级班的修学，经学院综合评定，已经获许您继续学院中级班的学习。如此殊胜的修习和学习的机会，由衷的赞叹并随喜你。

中级班的课程分三个专业（教授师、事业师、咒师），两年四个学期，预科班的内容，包括五层观想和五轮念诵的学习、善导大师的净土思想、净土九品讲座视频的学习。这是中级班一切修行的基础。

中级班事业师的学习重点，是《三元心理学》与如何应用准提法来让你的世间事业成就。

对于咒师，要学习准提法的"火供方法"和注意事项，准提咒修行的"增息怀诛"四种坛法，内容丰富的修行仪轨以及相关的修法技巧。

教授师的学习重点，是把《显密圆通成佛心要集》显宗思想展开，内容包括《净土讲座》《圆觉经》《俱舍论》《楞严经》和《华严经》等宗的精彩内容，教材的讲解。以上精彩内容由学院的老师、顾问以及北大、人大教授和社科院专家，以及具有几十年修行经验的老修行者来讲解。十分难得！

在中级班学习的后一年，众多的内容大家可以选择性地学习。学院还将组织佛教名胜旅游、闭关，北京白塔寺的参访等内容，为中级班学员的水平提高，提供坚实的基础与难得的机会。

中级班学习要求：

1.根据自身的情况客观选择修学专业，并制定自己的修学计划。

2.在学院教学计划的安排下，认真完成修学内容，按时提交每旬

的修行总结。（特殊情况可以与班主任协商处理）

3.发心度人，在学院的教学平台和教学内容的框架下履行教学相长的义务，总结教学经验，法布施迅速积累自身福报，更快的成熟起来为弘法利生做贡献，突破修行瓶颈。

学院的倡导：

能进入中级班学习，象征着智慧福报的增加，你可以加入VIP会员学习，享受更多的会员权利，一天一元钱的供养也为资助新学员做一份贡献，是对佛母慈悲的回报。祝您在修学中所求如愿。申请中级班请与自己的班主任联系。

附录一：

准提宗的皈依

持准提咒无须皈依，只要持咒当下圆满；准提法人人可以修，并不一定要是佛教徒，非佛教徒也可以修。如救灾施粥者，不分种族、身份、宗教、男女，只要你是难民，就可以得到布施。所以，单从准提咒的念颂、修持来讲，皈依，并不是修法的必要条件。

但是，从准提宗立宗的角度来讲，皈依三宝是必须的。

在此，阐述一下准提法的两种皈依——宗门圆满皈依和教下分段皈依。

圆满皈依是指，只要你持诵准提咒，当下就得到了圆满的皈依，无须特定宗教形式。分段皈依是指，对于圆满皈依不能生起信心者，可以按照一般的佛教常规仪式，进行皈依。

圆满皈依

准提咒的持咒、皈依、持戒是一体化的，是一即一切的圆满修法。这是准提法本身的特点，在《显密圆通成佛心要集》"陀罗尼十大功德"第九中，对于咒中包含戒律的问题，道大师引述如下：

谓大乘宝王等诸经中说。真言行者日日得具六波罗蜜圆满功德。又佛顶颂云。不持斋者名持斋。不持戒者名持戒。僧破二百五十戒。比丘尼犯八波罗。闻念佛顶陀罗尼。便得具足声闻戒（彼佛顶疏云。菩萨行门随行则具。今不行而备。盖神咒之力具足万行。斯言不诬矣）。

而受戒的前提是皈依，因此持咒的当下就俱足了皈依和持戒两种功德。

从准提法主依经典《显密圆通成佛心要集》中对陀罗尼圆教的认识上来看，只要你修陀罗尼、念颂准提咒，那么所有的功德就已经俱足了：不仅包括皈依的功德，还包括持戒等六度的功德。

如果把皈依的问题，单独地割裂开来讨论，似乎已经是与准提圆咒思想相互矛盾了。不过，对初学者而言，不太可能对圆咒的特点能深入认知，所以，这篇对准提法的皈依问题的阐述，具有一定的现实意义。

其实，《显密圆通成佛心要集》中虽然没有明确地提出关于皈依的问题，但在其准提咒修法中，前面部分的"皈依文"，已对准提法皈依问题作了最好答复：

【正如我们每天念颂的皈依文的第一句】

稽首皈依苏悉地

头面顶礼七俱胝

我今称赞大准提

惟愿慈悲垂加护

也就是说，每天都修准提法的人，天天都在作皈依。

从更高的层面来讲：当我们持咒的当下，身即菩萨，人人都是准提；一切平等，无有差别，一切圆满无碍，皈依已经圆满。这是准提法的殊胜。

分而述之，即为：敬礼准提佛母，即是皈依佛；诵修准提神咒，即是皈依法；净观人人是菩萨，即是皈依僧。

皈依佛，佛是大慈大悲大智大慧的觉者，准提行者日颂"稽首皈依苏悉地"，就是皈依准提佛母，以佛母的慈悲智慧为依靠。以佛法身同故，皈依一佛，则是皈依三世诸佛。以佛无异故，皈依准提佛母，就是皈依释迦牟尼佛，就是皈依三世一切诸佛。

皈依法，法即是佛法；佛由法生，法由佛讲，法即是佛母，皈依准提法，就是修学佛母慈悲的救度方法。

皈依僧，能御圣法名之为僧；皈依僧就是皈依传道授业解惑之师，但僧不是一个人，三人以上的和合组织才是僧伽；准提行者的皈依僧，就是一心依止佛法、准提法的传法僧团。

自皈依佛，一心敬信准提佛母。

自皈依法，恒常修悟准提法理。

自皈依僧，团结教友，共度众生。

自皈依准提佛母，即不皈依其它神祇。

自皈依法，即不放弃准提法。

自皈依僧，即不与恶友同行。

学准提时，就是皈依佛；

修准提时，就是皈依法；

传准提时，就是皈依僧。

发心修持就是皈依佛

持咒修持就是皈依法

传法度人就是皈依僧

分段皈依

对于大部分众生，只能以仪式化、形式化的教下皈依，为渐次引导。所以，求佛加持，皈依、自皈依或参加大型的法会，如法找到清净的僧团皈依，也是必然。

皈依的形式有：

一、佛在世时，在释迦牟尼佛前皈依

二、佛涅槃后

1.菩萨、四果圣僧前的皈依

2.世俗僧前的皈依

3.佛像前的自皈依

4.时时皈依，即把皈依作为一种修法。

5.圆满自性皈依

皈依三宝的种类共有五等：

1.翻邪三归——最初进入佛门。

2.五戒三归——信佛之后加受五戒。

3.八戒三归——六斋日受持八关戒斋。

4.十戒三归——沙弥（尼）受十戒。

5.具足戒三归——比丘（尼）禀受大戒。

凡是受戒，必有三归。最初入佛门，固须三归。在这里准提宗的皈依采用翻邪三归以及八戒三归。

要注意的是，不要形成对具体法师的人身依附关系，而要如蕅益大师所言：于一切僧众，若贤若愚，皆当尊礼为师，自称弟子；未可憍慢，妄自分别。皈依后，并不是形成了对于个人的依止关系，不可以执着而把皈依变成个人崇拜。这是遮止处。

一般的人，往往希望找到一个有名的法师去皈依，甚至有人动辄称，我是某某的皈依弟子。殊不知所皈依者为僧伽，非唯皈依某师一人也！而且，三人或以上才能称之为僧，皈依僧的概念不是单独的个人，而是一切清净的僧团、僧宝。

附：众法师对皈依的相关论述

印光法师对于皈依误区的开示

要知道所谓皈依者，是皈依佛法僧三宝，不是皈依个人。例如今日各位来皈依，"我"不过代表三宝，授证三归，也就是授皈师，并非皈依我一个人（不是拜一个师父）。每见僧俗有误解皈依意义的。在家人则说"我皈依某法师"，出家人则说"某人是我皈依弟子"。这是遗大取小，废公为私，可悲可叹。因此顺便说明，免再贻误，望大家注意。

蕅益大师的论述

蕅益大师云："皈依僧者，则一切僧皆我师也。今世俗人，择一名德比丘礼事之，窃窃然矜曰：吾某知识，某法师门人也。彼知识法师者，亦窃窃矜曰：彼某居士、某宰官皈依于我也。噫！果若此则应曰：皈依佛、皈依法、结交一大德，可也；可云皈依僧也与哉？"故已受皈依者，于一切僧众，若贤若愚，皆当尊礼为师，自称弟子；未可憍慢，妄自分别。且皈依三宝之境若不遍者，不得三皈之体，既不得体，穷其一生修学，只名附佛外道，虽种将来成佛之因，若于三宝中一念分别憍慢，则苦报无穷矣！

弘一法师所讲三皈依

三皈依者，皈依于佛法僧三宝也。

三宝义甚广，有种种区别。今且就常人最易了解者，略举之。

佛者，如释迦牟尼佛阿弥陀佛等诸佛是也。法者，为佛所说之法，或菩萨等依据佛意所说之法，即现今所流传之大小乘经律论三藏也。僧者，如菩萨声闻诸圣贤众、下至仅剃发被袈裟者皆是也。

皈依者，归向依赖之意。

皈依于三宝者，乞三宝救护也。大方便佛报恩经云：譬人获罪于王，投向异国以求救护。异国王言，汝来无畏，但莫出我境，莫违我教，必相救护，众生亦尔。系属于魔，有生死罪。归向三宝，以求救护。若诚心皈依，更无异向，不违佛教，魔王邪恶，无如之何。

◎既已皈依于佛，自今以后，决不再依天仙神鬼一切诸外道等。

◎既已皈依于法，自今以后，决不再依诸外道典籍。

◎既已皈依于僧，自今以后，决不再依于不奉行佛法者。

授皈依之方法

一、忏悔。二、正授皈依。三、发愿回向。

应先请授者详力解释此三种文义。因仅读文而未解义，不能获诸善法也。

正授三皈依之文有多种，常所用者如下：

◎我某甲，尽形寿，皈依佛、皈依法、皈依僧。三说

◎我某甲，皈依佛竟、皈依法竟、皈依僧竟。三结前三说时，已得皈依善法。后三结者，重更叮咛令不忘失也。

忏悔文及发愿回向文，由授者酌定之。但发愿回向，应有以此功德，回向众生，同生西方，齐成佛道之意。万不可惟求自利也。

授三归之利益

经律论中，赞叹皈依三宝功德之文甚多。今略举四则。灌顶经云：受三归者，有三十六善神，与其无量诸眷属，守护其人令其安乐。善生经云：若人受三归，所得果报，不可穷尽。如四大宝藏（四宝者：金、银、琉璃、玻璃），举国人民，七年之中，运出不尽。受三归者，其福过彼，不可称计。较量功德经云：若三千大千世界，满中如来，如稻麻竹苇。若人四事供养（饮食、衣服、卧具、汤药），满二万岁，诸佛灭后，各起宝塔，复以香花供养，其福甚多，不如有人以清净心，皈依佛法僧三宝所得功德。大集经云：妊娠女人，恐胎不安，先授三归已，儿无加害；乃至生已，身心具足，善神拥护。是母受兼资于子也。

今日所以聚集缁素诸众，讲三归大意者，一以备诸师参考，俾他日为人授三归时，知其简要之方法也。一以教诸在家人，令彼等了知三归之大意，俾已受者，能了此意，应深自庆幸。其未受者，先能了知此意，且为他日依师受三归之基础也。

本文系弘一法师一九三三年五月三十一日在厦门万寿禅寺所作讲演。

三皈依的基本知识

初学佛教之基础 三皈依

三皈依是一切佛子的基本要求，为什么要皈依三宝呢？下面我们来看看三皈依的重要性。

一、离苦之因：

《优婆塞戒经》净三归品第二十

善生言。世尊。如佛先说有来乞者。当先教令受三皈依然后施者。何因缘故受三皈依。云何名为三皈依也。善男子。为破诸苦断除烦恼受于无上寂灭之乐。以是因缘受三皈依。如汝所问云何三皈依者。善男子。谓佛法僧。佛者。能说坏烦恼因得正解脱法者。法者：即是坏烦恼因真实解脱。僧者。禀受破烦恼因得正解脱。

善生问世尊：以什么因缘要受三皈依呢？为什么要三皈依呢？怎样才能叫做三皈依呢？世尊告诉善生说，善男子。为破灭诸苦诸如生老病死爱别离怨憎会求不得五阴炽盛等一切苦的原因。为断除烦恼无明（这些都是诸苦之因）的原因。为受于无上寂灭不生不死的涅槃之乐的原因。以这样的因缘（获得究竟解脱）所以要受三皈依。如你所问的什么才叫三皈依呢？善男子。就是皈依佛法僧：

佛者：能说坏烦恼因得正解脱法者。

法者：即是坏烦恼因真实解脱。

僧者：禀受破烦恼因得正解脱。

二、得戒的前提：

皈依不一定要受戒，但是受戒一定要皈依。

大方便佛报恩经卷第六（节录） 优波离品第八

问曰。若不受三归——得五戒不。若不受三归——得八戒不。若不受三归——得十戒不。若不白四羯磨得具戒不。

答曰。一切不得。若受五戒。先受三归。三归既竟乃得五戒。

注意：如上经文所述，如果要受五戒等戒律的话。必须如法的先受三皈。三皈是一切戒律的基础，非常重要。

当然也有特殊情况：或有说言。若不具受则不得戒。八戒斋法亦复如是。是义不然。何以故。若不具受不得戒者。求有优婆塞云何得戒。实是得戒。但不具足八戒斋法。若不具受虽不名斋。可得名善。

三、为什么叫"宝"：

三皈依即是皈依佛、法、僧，佛法僧亦称三宝，为什么叫做三宝呢？《大乘本生心地观经》中诠释道：

世尊，我等今日闻佛法音，得悟三宝利益世间，然今不知以何义故，说佛法僧得名为宝，愿佛解说显示众会及未来世敬信三宝一切有情，永断疑网得不坏信，令入三宝不思议海。

佛陀告诸长者：'譬如世间第一珍宝具足十义，庄严国界饶益有情，佛法僧宝亦复如是。

一者坚牢——如摩尼宝无人能破；佛法僧宝亦复如是，外道天魔不能破故。

二者无垢——世间胜宝清净光洁不杂尘秽；佛法僧宝亦复如是，悉能远离烦恼尘垢。

三者与乐——如天德瓶能与安乐；佛法僧亦复如是，能与众生世出世乐。

四者难遇——如吉祥宝希有难得；佛法僧宝亦复如是，业障有情亿劫难遇。

五者能破——如如意宝能破贫穷；佛法僧宝亦复如是，能破世间诸贫苦故。

六者威德——如转轮王所有轮宝能伏诸怨；佛法僧宝亦复如是，具六神通降伏四魔。

七者满愿——如摩尼珠随心所求能雨众宝；佛法僧宝亦复如是，

能满众生所修善愿。

八者庄严——如世珍宝庄严王宫；佛法僧宝亦复如是，庄严法王菩提宝宫。

九者最妙——如天妙宝最为微妙；佛法僧宝亦复如是，超诸世间最胜妙宝。

十者不变——譬如真金入火不变；佛法僧宝亦复如是，世间八风不能倾动。

佛法僧宝具足无量神通变化，利乐有情暂无休息，以是义故，诸佛法僧说名为宝。

可以说三宝犹如优昙极难值遇，能得人身已经是如同大海的盲龟值遇木孔那样困难，能信仰佛法皈依三宝更是难得和幸运了。

四、三皈依的内容和要求：

印光大师：皈依者。以回转为义。由昔背正从邪。流浪六趣。今知其非即回彼邪心。转从正道。于是乃立。三皈之法。必须志心皈依。不可泛泛。若皈佛已。宁舍身命。终不依于自在天等。若皈法已。宁舍身命终不依于外道典籍。若皈僧已。宁舍身命终不依于外道邪众。若不如是。不名皈。依此三皈有五等不同。一翻邪三皈。乃在俗初知皈向者。二五戒三皈乃在俗受五戒者。三八戒三皈。乃在俗受八关斋戒者。四十戒三皈乃初出家作沙弥者。五菩萨三皈。乃发心受菩萨戒者。始自背俗之初。终于造道之极。皆依三宝以为依附之主。

五、翻邪三归：

三归的功用，正破三邪（外道邪师、邪法、邪众），济三途（地狱、饿鬼、畜生），接三乘（声闻、缘觉、菩萨），出三有（欲界、色界、无色界）。佛法以此三归为本，通发一切戒品及诸出世善法，不同世间善法也。

一、归依佛——佛陀秦言觉者，自觉觉他，故名为佛。归者，反还为义，反邪师，还事正师，故名归。依者，凭也，凭心灵觉，得出三途及三界生死也。故经云：'归依于佛者，终不更归依其余诸外道天神也。'

二、归依法——达磨秦言法，法者法则，有轨范使人理解任持自性（万法依于一定的轨则而行，如火车必依于自己的轨道，方能运行），佛所说，若事若理，可为心轨，故言法也。归者，反邪法，还修正法，故名归。依者凭佛所说法，得出三途及三界生死。故经云：'归依于法者，终不更归依诸外道典籍也。'

三、归依僧——僧伽秦言众，众者和合，出家三乘行者，心与佛所说事理之法合，故名为僧。归者，反九十五种邪行之侣，归心出家三乘正行之伴，故名为归。依者凭心出家三乘正行伴，得出三途及三界生死。故经云：'归依于僧者，永不复更归依其余诸外道也。'

六、皈依三宝的次第顺序：

先应皈依于佛：

善男子。若男若女，若能三说三皈依者。名优婆塞、名优婆夷。

一切诸佛虽皈依法。法由佛说故得显现。是故先应皈依于佛。

净身口意至心念佛。念已即离怖畏苦恼。是故应当先皈依佛。

智者深观如来智慧解脱最胜。能说解脱及解脱因。能说无上寂静之处。能竭生死苦恼大海。威仪庠序三业寂静。是故应当先皈依佛。

智者深观生死之法是大苦聚。无上正道能永断之。生死之法渴爱饥馑。无上甘露味能充足。生死之法怖畏险难。无上正法能除断之。生死错谬邪僻不正。无常见常、无我见我、无乐见乐、不净见净，无上正法悉能断除。以是因缘应皈依法。

智者应观外道徒众。无惭无愧非如法住。虽为道行不知正路。虽求解脱不得正要。虽得世俗微善之法。悭吝护惜不能转说。非善行性作善行想。佛僧寂静心多怜愍。少欲知足如法而住。修于正道得正解脱。得已复能转为人说。是故应当次皈依僧。

若能礼拜如是三宝。来迎去送尊重赞叹。如法而住信之不疑。是则名为供养三宝。若有人能归三宝已。虽不受戒断一切恶修一切善。虽复在家如法而住。是亦得名为优婆塞。

佛以法为师。佛从法生。法是佛母。佛依法住。问曰。佛若以法为师者。于三宝中何不以法为初。答曰。法虽是佛师。而法非佛不弘。所谓道由人弘。是故佛在初。

注意上面经文中问道：佛如果以法为师，那在皈依三宝中为什么不把法设在初呢？

答曰。法虽然是佛之师。但是法非佛不能弘扬。所谓道由人弘的缘故。

所以佛在初，也就是最尊最上的位置，如果知晓次第后还把三宝顺序倒错是得罪的，也是不能成就三皈依。

尔时优波离复白佛言。世尊。若受三归戒时。先称法宝后称佛者成三归不。

答曰。无所晓知说不次第者。自不得罪。得成三归。若有所解，故倒说者。得罪亦不成三归。

问曰。若称佛及法不称僧者成三归不。若称法僧不称佛者成三归不。若称佛僧不称法宝成三归不。

答曰。不成三归。

七、为皈依三世佛：

问皈依佛者。为皈依释迦文佛。为皈依三世佛耶。

答曰。皈依三世佛。以佛法身同故。皈依一佛。则是三世诸佛。以佛无异故。

若有问言。如来灭已皈依佛者，是何皈依？

有人认为释迦牟尼佛涅槃了，我们无法直接皈依佛陀了，佛的加持无法到达现在。现在我们以经典来说明佛涅槃前后皈依和供养是没有差别的。

《优婆塞戒经》：

若有问言。如来灭已皈依佛者，是何皈依？

善男子。如是皈依。名为皈依过去诸佛无学之法。

如我先教提谓长者。汝当皈依未来世僧。依过去佛亦复如是。

福田果报有多少故，差别为三。若佛在世、及涅槃后。供养果报无有差别。受皈依者亦复如是。

如佛在世为诸弟子立诸要制。佛虽过去，有犯之者亦获罪报。归过去佛亦复如是。

犹如如来临涅槃时。一切人天为涅槃故多设供养。尔时如来未入涅槃犹故在世。悬受未来世供养事。归过去佛亦复如是。

譬如有人父母在远。是人或时瞋骂得罪。或时恭敬赞叹得福。归过去佛亦复如是。

是故我说。我若在世及涅槃后所设供养。施者受福等无差别。

八、必须亲口宣说：

皈依的人必须是亲口宣说，如果不能宣说皈依不成立。

给孤独长者教导开示家人乃至于尚未出生的胎儿，都要皈依三宝，家里人可以宣说因此可以获得皈依的戒体，胎中的胎儿不能说话，实际上并无法成就三皈依的法体。为什么呢？这个三皈依的法，是必须皈依的人亲口宣说；胎儿虽然不能成就（*胎儿不能说话*），但是也（*以此功德*）能保护胎儿。

附录二：

高七师北京大学佛教人生讲座系列

应用佛教缘起，智慧的策划人生

如果您想将佛教修行与实际生活相结合，创造更为美满积极的人生；如果您想了解自己以后究竟适合进入到哪个行业以及其中的潜规则；如果您对如何用缘起性空的智慧，指导和解决实际生活来创造和实现价值有兴趣；高七师"应用佛教缘起，智慧策划人生"主题讲座，将给您极具启发的思路，您将从中掌握如何完全应用佛教的核心——缘起的智慧来经营自己的生活、心灵与周围的环境。相信，无论您是佛教的信者、行者、学者，还是仅对佛教感兴趣，或仅对人生策划有兴趣的朋友，均将从中获得启发和收益。

宗教社会学：佛教的思想应有利于社会发展

佛教的思想是有利于社会发展的。比如佛教教主释迦牟尼的思想，是对当时印度社会流行的沙门思想的总结、提高。而沙门思想，是当时印度四个种族之一，也是比如刹帝利——皇帝、武士阶层的主要思想。纵观佛教思想的发展，它跟刹帝利阶层的关系非常密切，佛教的发展为武士带来地位的提高，有利于印度各个小公国的发展，佛教的发展，是与当时印度社会发展保持一致的。它所反对的是无神论，提倡的是社会的齐平化，实际上其思想主要针对婆罗门及其高高在上的社会地位。根据佛教思想本身的社会作用来讲，是有利于当时印度社会发展的，而现在佛教的情况有所变化。现在佛教所代表的思想，与现代社会发展之间的协调上有些问题。这方面我们以后再展开来讲。

通过对现在宗教的分析，我们发现：真正有利于资本主义经济发展的一个思想精华，就是马丁路德的新教改革。他新教改革的作用，主要是新教思想对人的作用，是让人服从上帝：所有的贡献，都是上帝的显现。大家赚来的钱，不去消费；与中国人挣了钱，去买土地，扩大领土，或买房子的理念不同；而是将其作为资本，在经营领域积累。这种积累，到了一定程度，便形成了资本主义发生的可能性。

韦伯，作为社会学家，通过对社会学与宗教学的发展研究，发现两者之间有所关联。他最著名的一本书《新教与资本主义精神》中，真正把资本主义所产生的一个精神领域的动力，清晰地阐述出来。韦伯，不仅对宗教在社会的贡献方面的研究起了很大作用，而且，他对人类社会结构、社会文化的分析，其贡献也比较突出。虽然我们总说他是传统的经济管理学说，但实际上他在社会学领域，所研究的深度，非一般人能理解。

当今中国社会，并没有发展成后现代化社会。我们所处的社会、经济环境，相当于上世纪二、三十年代的德国，正是韦伯对社会发展、宗教发展研究揭示得最深入的阶段。如果把握了韦伯对社会发展的思想方法，生活在这个时代的我们，对所处的环境认识会更深刻一些。因此，把韦伯作为一条中间连线，可以把他研究的有关宗教对社会、对人生的作用和一些管理学、对社会文化研究的一些理念，融会到我们的理念之中。但与韦伯所不同的是，我们是站在传统佛教的"缘起"这一根本的角度上来看问题。也就是说，他是站在社会学角度，而我们是站在佛教哲学的角度，两者还是有所不同的。

下面讲我们对自我的认识、对社会的认识、对人生的认识，只有对这三个认识清楚之后，我们才能真正的涉及人生和规划人生。

认识人生的缘起方法，从口罩的剖析开始

第一个问题，如果在两个小时内，让你去买100只口罩，我们如何去买？

在考虑这个问题时，会首先考虑到哪里去买？有人可能认为跟认识人生没关系。其实有关系，你们以后去大公司应聘时，可能面试官问的就是这个问题。为什么要问这个问题？因为他问你的目的，主要是想了解你的思考方法。他会问很多，比如北京一共有多少辆车？有些人可能答300万，有人答500万、100万；数据不重要，你的判断与思维的方法很重要，这才是他想要听到的内容。"每平方公里有一个加油站，一个加油站每天满足300辆车的加油，北京市2000平方公里，一算有500万辆车。"他一看，好！我用你。因为你用的思维方法是正确的。可能有人通过查电脑，能准确地知道数目，比如有315万辆车，但这不是他想要的结果？我们为什么要提出这个问题？你要考虑。在考虑的过程中，你就知道自己的思维方法与他人有哪些不同。

100只口罩怎么去买？就有个思路问题。首先，内部关联。我们需要MONEY，钱！如果没有钱。怎么办？一是去借，二是自己去挣。借钱，需要我们去认识人，还要有沟通的方法。其次，我们到哪里能买到口罩？（答：药房可以买到，医院可以买到）再有呢？这就存在一个问题：为什么不同人在不同地点，可以买到口罩？其实，我们发现有个概念很重要——什么是口罩？比如我是厨师，我马上想到，在饭店也能买到口罩。或在面包房也可以买到。如果经历过非典，就会想，在药店肯定有口罩。比如我们家刚装修完，发现油漆工都带口罩，就知道在五金商店也能买到口罩，或者涂料店也可以买到口罩。实际上我们按这个思路，能找到很多买口罩的方法。因为100只口罩，在同一家商店可能买不到，如果大家成立几个小组去买，就不难了。看似简单，其实有较深的问题。

美国有一档选秀节目，在众多参选者中选拔经理人，第一名给100万美元。选拔的方法，不是给你多少万美元，让你去做大项目，而是给你几美元，看你一天通过这几美元能挣多少钱回来。是在小事上看你的思维方法是如何的。

　　现在我们分析一下：什么是口罩？首先要打破以往对口罩的概念或者贴的标签。第一步，分析口罩的各种特质：

　　1.口罩首先是一块布；

　　2.它有利于人呼吸道卫生；

　　3.它能过滤空气；

　　4.一般戴在人的面部；

　　5.特殊环境中才应用。

　　从功能上分析，口罩过滤通气的功效，可以在有毒、有污染的环境中应用。从视觉概念上，我们马上会想起有些人是戴口罩的：护士、医生、环保工人，还有面包师、厨师、油漆工。护士用品可以到哪里去买？医院、药房。环保工人的东西，应该到劳保用品商店买。厨师，可以到蛋糕房、饭店去买。"油漆工"也戴，可以到五金商店去买，为什么由油漆就会想到去五金商店买口罩呢？因为油漆工要买油漆，自然他工作需要的物品，五金店里都可能有。五金店、卖家具与油漆的地方，就要给油漆工准备其他需要的东西，所以在家具店和油漆店，都有可能买到口罩。再有特殊环境如制药厂，以及对环保有高精密度要求的制造厂，我们按这个思路来思考，就可以找到买口罩的地方。从口罩的材质来分析，我们可以到布料批发市场去找。

　　综合来讲，如果你只想到口罩是医生戴，你就可能在办事的过程中，思维受限，狭隘了。为什么产生狭隘，因为你把口罩定性为单一的概念。把这个单一的概念去掉，看到它是块布，能过滤空气，一般戴在面部等方面，来应用它，方法就会多起来。也就是说，口罩是由不同的概念和功能组合而成。我们可以叫它口罩，或者其他的名称，但它本身具有这些特点。我们可以用这种方法来解构任何事物。甚至用这个方法来解构我们的人生！

有神论和宿命论与缘起的不同

针对口罩这个问题继续展开。在买口罩这个问题上，有些人可能有不同的观点，能不能买到口罩？有些人认为有个口罩神，这个神会指示我，到哪里去买口罩。反观你自己的思维方式，有没有这样类似的想法？另一种观点是，能不能买到口罩，其实上天已经定了，这是宿命论。再有人认为：买不买得到口罩，在于我自己的努力。如果有钱，又有正确的思维方法，加上条件允许，这些商店又都开着门，自己有交通工具，就可以买到口罩。这些思想映射出我们对人生的看法，一种是有神论，一种是宿命论，还有就是缘起论——任何事物都是因缘条件组合的。如果因缘条件达到，事物就能够形成。有些因缘条件是靠偶然的、自然的组合，但如果我们把握规律，可不可以组合它？完全是可以的！就像买口罩一样的道理，有这个缘起条件，就可以组合了。

自我的内部解构与人生方向

如何解构我们的人生？可以把人生分成几个部分来讨论。

解构人生，先解构人生的内部因素——要有自我认识；再解构人生的外部因素——对社会的认识；之后，我们进行目标分解——把总的目标解构了。最后，由目标反推行为计划。这是一个大体思路。

我们先看对自我的认识。对自我认识，思考的角度有很多。但现在只从一个角度来讲——即用刚才讲的分割方法：不认为自我认识有个主体，就像我们分析口罩的概念时一样。我们把自我分成三方面：儿童自我、成人自我、父母自我。

儿童自我，常代表幸福度、情感、感受、心情如何；成人自我常代表你的选择方法、思维、逻辑判断；父母自我常代表社会责任。每个人的自我都可以分成这三方面。（详细内容见《高七师讲三元心理学》）从心理状态划分：父母状态指一种权威、具有优越感的心理状态。分为富有同情心的父母状态和挑剔的父母状态。前者主要体现了亲切、关怀、体恤、容忍以及服务、献身等情感；后者则多为批评、指使，讲规矩，对错误不轻饶。成人状态指通晓人情事理、理智稳重、富于理性、擅于计算评估的一种心理状态。分为积极的成人状态（也称明智者，即理智负责）和消极的成人状态（过于冷静者，即缺乏热情，斤斤计较，导致情感冷漠，太虚伪矫情）。儿童状态指容易感情用事，导致任性、无理智的心理状态。分为积极的儿童状态（又称赤子，即无忧无虑、讨人喜欢、令人愉快、惹人怜爱）和消极的儿童状态（又称顽童，即浮滑刁顽、撒泼耍赖、逆反对抗、缺乏专注性和责任感）。儿童自我是一套自个人童年遗留下来的行为、想法、感觉；成人自我则是针对目前现实自主性的行为、想法、感觉的组合体；父母自我是从周围重要人物（按个人本身的认知）所内射的行为、想法、感觉。可能你回到家里，在父母面前，永远是儿童的状态。在你的孩子面前，或者你进入社会角色，就会有种责任感。比如一定要做个有用的人，或做个有钱的人。这种有钱人的概念，就是父母自我；而成人自我，是你的思维，你对当下问题的判断等。

显然，人生最重要的，就是要追求幸福，这是一个大目标，不可否认！当我们把整体的人分成三部分：儿童、成人、父母，这三种自我对幸福的认识是不一样的！儿童自我觉得，即使做名小职员，只要环境好，心情好，我就很幸福、快乐；父母自我说：不行，我教你这么多年，要给我干点儿什么大事，光宗耀祖；或者你本身有社会责任感——我一定要在某个领域做到最高水平，为社会作出一定的贡献，体现我的人生价值。成人自我，可能就是在这些过程中，发挥自己的能力，不管成不成功，我都快乐。

首先，你要清楚的知道，自己倾向于哪种自我。如果你本质上倾向于儿童自我，却选择了极富社会压力的父母自我责任，去竞争总统，可能你竞争上了，当了总统，虽然你总想：我达到目的了。但是当你在最仇恨的政敌面前，还得面带笑容的诸多情景中，你的儿童自我会觉得，这真是痛苦的人生。如果你倾向的是父母自我，你完成了自己社会的责任，即使你很痛苦，你也觉得这种痛苦值得！痛苦本身也是快乐的。

我们人生的价值观存在着如何协调三个自我的幸福价值观的问题？如果对自我认识不清，你所随波逐流追求的人生目标，可能并不是你想要的。如何来认识自我，当然还有许多具体方法。我们可以通过一套完整的答卷和反观自我的方法相互配合，把三自我的轮廓勾勒出来。好多人都说自己知道自己是什么样的人，真的吗？其实他不一定知道。对自我的认识，也是一个不断深入的过程，更是一个可以不断改造的过程。比如，儿童自我是固定的吗？不是！我们还可以把它分化，划分成三部分：第一部分，你的生理情况；第二部分，你的童年状态、童年经历；第三部分，童年时父母对你的影响。还可以把儿童自我进行分解，同时可以改造每个人的儿童自我。如果你的最终理想，是趋于成人自我与父母自我，同时又与儿童自我相冲突的话，你就需要对儿童自我进行改造。

认识社会

现在讲认识社会从某个角度来讲，如果把人生作为戏剧编演的话，上面是对内部角色的划分。而对社会的认识，是我们对大环境、外部氛围的渲染。实际上，现实社会它给我们提供了多元化的各种环境，看我们选择哪些背景，在选的时候，我们要看清。所以说对社会的认识也很重要。社会可分割成几个方面：社会的文化，社会的结构，社会的经济。

我们先看社会的文化。文化是有历史性的，我们不讲现在的文化环境，先回顾中国的传统文化环境，因为文化是一种继承。社会结构与文化，往往是相互嵌入的。讲文化的同时，常提及结构；讲结构时，往往亦讲文化。

文化主要是讲儒家文化和社会的多元文化，以及它们与西方文化的关系。对我们起最大作用的，不是多元文化，而是传统文化。但我讲的传统文化，有可能与大家所理解的传统文化有所不同。我只讲文化对社会动力学方面的作用——真正对我们行为、社会发展起作用的方面。或许，有人对此文化认识不清；或许，这个文化本身就有问题。这些都没关系！我们不重视文化的好坏、内容，我们只重视它对社会产生的影响。比如实现共产主义，你说它是乌托邦，没有用。但就在这个理念下，好多人拿起枪杆子闹革命，打土豪、分田地，建立起这个国家。你说它没有用，它起没起到这个社会作用？——确实起到了！所以，我们要清楚这个观点，在下面的陈述里不存在对文化的褒贬问题，只是单纯谈及与讨论它的社会作用问题，而这个作用直接影响社会的结构和人们的意识行为。

家长制文化与官僚制文化

对社会文化的分析，我们也采用对口罩一样的方法，分析、解构它。社会文化粗略可分为家长制文化与官僚制文化。

我们一提官僚制文化，就有人认为官僚制是不好的。实际上它是在家长制文化的基础上发展出来的。家长制是以人为本，官僚制是以制度为本。他们之间有五个不同的规则：规则一、各部门有无明确的权限，管理的事情范围有无交叉。如果一件事情两个部门都可以管就是家长制文化。规则二、分析机构是否是层级结构，权力支配上是否有交叉。一名员工受多人领导的话就是家长制。而官僚制是一对一的层级领导方式，是按照上下级严格的程序来管理，家长制不要求严格的层级，领导者可直接领导批评提升最下层的职员，往往一个人可以被多层领导和支配。规则三、考虑和处理问题是从事出发，还是从人出发。官僚制是切事化，一切都为了把事情办好，不考虑人的情绪，不考虑人际关系问题。家长制考虑人的因素，重视人际关系和人的主观能动性，通过提高人的积极性来促进工作。规则四、规则是否标准化。所依据的规则是不是能量化、精确化、准确化。没有量化，即便有也很模糊，规则的执行量化是靠人的经验而不是计算，或目标方法依靠直觉来断定的就是家长制。规则五、对规则的遵守，遵循成文的规章，还是不成文的传统。家长制对人的激励，主要是通过人来提高生产力、积极性，重人情；官僚制是重制度，完全是使用奖惩制度，通过提高机械水平，来提高生产力。家长制对人的管理，是建立情感纽带，形成家族或拟家族关系进行管理。而官僚制是按层级制，通过层级制来管理。比如从副经理到经理，再到副总经理，到总经理，是有层次级别的。每进一级，都有严格的规定，有可以量化的标准。比如销售额达到多少，业绩必须达到多少，就可以到哪一级。而家长制，不需要这样。因为你可能是董事长的儿子或侄子，你直接可以做总经理。或者某领导或上级，非常看重下面某个人，可以越过许多级别，直接提拔，进入领导层。或者，事前只在形式上，到各个级别走一下。这是与官僚制的区别。

我们国家的大部分体制，看似官僚制，实际上是家长制。它是以人情关系为重点的。升级，不一定是根据你的工作业绩，而是你的忠诚度。单位的提升，不是按层级制提升。对人的管理，不是单级管理，而是多级管理。比如，你作为一名普通员工，部门经理可以管你，总经理也可管你，很多人都可以给你下命令。家长制就是对传统的恭顺，对上级的恭顺。简单说，家长制是以传统为主，尊重传统。它对支配者是恭顺、恭敬的态度。这名支配者，可以是领导，也可以是上级，就是真正能领导我们的人，就是支配者。在企业中对上层要求绝对的恭顺和服从，不同的人不同方法的管理形式而不是齐平化，往往人的权利大于规章制度，工作内容和权利责任模糊。官僚制的概要是：所有的行为是可计算的，办事情只对事不对人，是不讲感情的，具有严格的单线层级管理制度，不可越级。家长制人员升迁的主要原因，不是主要按照规章制度，是不可计算的。对于一家企业，你的部门销售额达到100万，我把你从部门经理提到副总，这是可计算的，是官僚制。如果提升是以第一把手对你的信任关系，来提拔你，这家企业即使是外企也还是家长制的管理。

管理内容范围交叉

首先看第一个方法：部门所管的事情，有没有交叉。比如，成立两个销售部，这两个销售部，没有进行归类，一个销售冰箱，一个销售彩电。有的企业对此有明确划分：销售冰箱的部门只能销售冰箱，销售彩电的部门只能销售彩电，这样的企业我们认为是官僚制。如果这两个销售部，销售的地域也不划分，产品类型也不划分的话，这个销售部门的管理体制，就是家长制。这种结构会对人产生哪些影响，会产生哪些文化现象？我们看如果权利划分明确的话，就可以建立一个效绩考核制度，你的任务完成没有，大家一目了然。如果这两个部门，都销售彩电和冰箱，假设冰箱销售得不好，一个月一台冰箱也卖不出去，这两个部门都可以不承担责任。但家长制管理可以发挥最大的人的主观能动性，如果其中一个部门领导非常有能力，他就会创造更大的业绩，而在官僚制中，他只能卖一种产品的话，就会影响他的能力发挥。相对地官僚制强调制度健全好追究责任，但是缺乏灵活度；家长制比较灵活，非常适合创意性较高、需要面对高度复杂、动荡的市场行业。这些行业的产品新陈代谢更替非常快，只有高层采取灵活的家长制才能适应这种行业环境。现在世界是个大市场，相互间竞争非常大，这种高度竞争，高层作决定时，所需要的资源相对减少，抉择的速度相对要增加，这就是为什么许多大企业要向家长制转型的一个原因。也就是说在企业的高层，基本上都采用家长制。

一家企业的结构可以是家长制，但不一定是家族企业。只是在事情的管理上有交叉。当然如果两个领导性格不合，或一个人在道德上有缺陷的话，肯定要产生权利竞争。权利竞争，就会对公司发展有影响。所以家长制的使用，是建立在高素质高道德水平上。

权力的支配交叉

第二个方法：权力的支配有没有交叉，是指一个人是受多人领导，还是只接受一个人的指挥。有时做企业培训时，要发些答卷，答卷中很重要的一条就是要员工填出——可以对你行使支配权的有几人。如果是层级制：就是一个人领导你支配你的工作，我们认为这个管理体制是官僚制。如果只要是领导无论大小都可以领导你，那就是家长制。

官僚制是一对一的层级制，领导方式也是按层级的。家长制是领导可以越级管理最下层的员工。官僚制，人际关系比较简单，精力可以完全用在工作上；而家长制，容易产生政治斗争和经济斗争。很多人都可以管我，最大的领导都可以管我；反过来说，如果跟最大的领导处理好关系，显然，中层领导就管理不了我，这会派生出政治斗争，但其本身也有优点：效率比较高。这种高效率，也会带来企业的快速发展。

比如一家国营企业，为员工制定了一个纪律：上班时不允许玩电脑、打游戏。正好董事长到办公室办事，发现一名员工在玩游戏，他会怎么做？如果这家企业是家长制，他会说：哎！你怎么可以玩游戏、玩电脑？扣你三十块钱。如果是官僚制，他就不会说这名员工，他会说谁？说员工所属的部门经理。或者根本不说——因为这不归我管！这是官僚制与家长制在权力支配上的区别。

从上述现象，可以分析出企业文化体制是家长制，还是官僚制；或者判断企业领导的思路是家长制还是官僚制。同样，对一位部门经理也是这样，这位部门经理忽然发现员工在玩游戏，对官僚制的部门经理来说，他不会考虑太多，事发生了就该罚你钱。但对家长制的部门经理来说，他不会这么想，他怎么想？别人都不敢玩游戏，他怎么敢玩？肯定是有人情关系——是不是他跟董事长有亲属关系？是不是因为他是这个部门的技术骨干？是不是部门副经理故意让他这样，让我难以处理？在这种体制下，他考虑最多的是什么？——人际关系。他也会考虑，我批评他，会不会影响他的积极性？在家长制的环境里，会把问题考虑得比较复杂，容易把精力分散。但是家长制的优势是会更多地考虑员工的情绪、积极性，能更好地调动员工的积极性，使之达到最佳状态。

同样，一位家长制的总经理，他会认为公司的事都是他家的事，员工在浪费资源，当然要立即采取严厉批评。它会产生很高效的机制，但是它也有弊端。这种体制会发生什么现象，我们如何避免？以后要讲，一个制度，如果产生一些负面现象，我们如何通过制造企业文化，来抑制这种负面现象。共产党是最有办法的，它知道自己组织结构有什么问题，因此就经常搞"整风"！它不会改体制，但搞"整风"来处理制度上的问题。

企业也要搞整风运动，要搞文化；但是怎么搞？——你要预测到你的企业必然要出现的弊端，这绝对跟人的教养没有关系。我们往往把企业的问题放到总经理身上：你管理不好，我就换一个人；换一个人，也还是这样！因此，我们知道是结构产生了弊端，并不是人造成弊端。这是我们从权力支配上来看。

另一种现象是既然谁都可以管我，实际上对晋级制就没有明确的量化。我从科级领导可以直接提到部级领导，可能不需要一步步一级级的上来。这就带来员工对自己发展方向的定位问题：更多地重视人际关系和自己的教养。升迁可能不是看你的政绩，而是看你的教养；教养是一种门面，教养发展到最后，可能变成认同虚伪和虚假。

对于管理人员的晋级，如果在官僚体制中发展，可能很慢。但你只要付出，就能得到回报，一步一步地发展上去。在海尔集团，它的晋升机制就很慢，这就是官僚制，一级一级地向上升。有些企业是家长制，你表现得非常突出，可能就把你从员工直接提到经理位置。这是一个很好的现象，把非常突出的人才作用发挥出来。很明显，海尔就留不住很精尖的人才！海尔的人才都是中等的，自己一步一步地发展。两者各有优缺点。

在家长制的体制中，有可能产生很强烈的政治斗争和复杂的人际关系。有时判断一个人，他的工作好坏，并不容易判断。比如说，他的销售额是10万，另一名是100万，从业绩上看，100万的人肯定工作能力强。但有时我们并不在10万和100万之间比较，而是在90万和100万之间进行比较判断。这就很难分清高低！此时容易出现政治斗争。谁跟高层的关系好，或高层对谁的印象好、印象深，谁才能得到晋升的机会。这也就会出现有些人不会主动地服从直属上级领导，而是往更高层看。因为更高层的一句话或印象，才决定了你的升职。而你的现管，他只能造就你的业绩，业绩没有用，最重要的是有没有教养，领导信不信任你。这样就会造成他跟现管的矛盾：他不会很好地听从直属领导的管理，这会对整个企业的效益产生影响。比如广告设计、服装设计行业，都比较需要高精尖的人才，你应该设置家长制，有利于高精尖的人才发展。如果你的企业是制造企业，注重产品的质量，不需要高精尖人才，只需要中等的人才在你的企业中发挥作用，就应该设置官僚制。

我们看一个案例，李嘉诚拥有的是家族企业，但他的管理方法是按官僚制来管理。为什么说他是家族企业，却按官僚制管理呢？因为他的影响力只渗透到董事会。日常的经营管理则交由职业经理人打理。李嘉诚的"家族企业"就是一个成功范例的官僚制的管理。他只对所投资的公司进行财务监控。也就是我们刚才所说的，他的责、权、利明确。不管你企业人的素质怎样，反正企业监督机构在这里，就放心。李嘉诚到其中任何一家企业中，如果发现谁偷盗东西的话，他会不会管？他不会管，对不对？因为他的管理方法是只渗透到董事会。

工作动力的出发点

第三个方法：工作动力。作为工作动力来讲，无论是调动员工积极性与提高市场率，都有两个思路：处理问题，是从事出发还是从人出发？

官僚制的管理方式是切事化，不问你是谁，不考虑人际关系；不问人，只看事！家长制考虑人的因素，重视人际关系，从调动人的积极性来提高效率。官僚制是通过企业的制度改革、效绩关系、完善企业流程，来提高企业的效绩与效率。如果企业是产品消费型和服务型，如酒店、旅游业，包括销售业，比如各个大超市，都是走家长制的思路，提高员工的积极性，带来企业的效益。包括国外的服务性的公司，都是走这条路子。

对于非产品销售性的、生产性的企业，大部分是走切事化的路子。两种制度各有优缺点。比如：官僚体制的切事化可以快速解决很多问题，能带来很高的生产率；但因为不太讲人性，会带来员工比较高的流动性，也会带来对客户的冷淡。这是由结构产生的人事上的现象。如果重视人的话，应依赖员工的素质与教养。如果你雇佣的员工他没有素质，你用什么办法，他都不会满意也不会作好工作。但现在社会上的这种人，大部分在用人过程中都筛选掉了。这种制度，一般对员工要求都不是很多。比如"宜家"超市，在欧洲已经超过沃尔玛，有500家之多的连锁店。员工来了之后，没什么规章制度，只给你发个小册子，有九点，你记住就行了；其它要看你们之间的相互配合，相互管理的情况。无论怎样，对员工素质、教养的提倡，都是家长制企业所强调的。而官僚体制，只重视他的专业水平。因为它的制度决定了如此，一个用制度来约束，一个用道德来约束，这就是切事化与非切事化的不同。

非切事化，是看人不是看事；如果只看人，不看事，容易导致政治权利的应用。政治权利的应用往往出现一些特点。如果是切事化管理，处理任何事都是合理、理性化的指导方向，只要这事合理，人人都要这样去做，都要遵守。如果在家长制中，友情跟感情的作用更大，因为要看这件事是谁做的，会产生更重要的权术：友情、结盟、商议。而官僚制，大部分要用到：权力和领导。因此，官僚制与家长制的工作重点也是不同的。

规则是否量化、标准化

前面分别讲了"管理是不是交叉"、"权力是不是交叉"、"工作动力是以人为主还是以事为主"。第四个方法：规则是否是量化的，是不是标准化。

在官僚制中都是讲程序化、量化。家长制，基本上没有量化，也没有程序化。执行是靠人的经验，而不是计算。有件很出名的事，就是我们跟美国合作发射一颗卫星。美国工人给卫星上螺丝时，一定是躺着，以一定的姿势拧螺丝。中国工人看到就发笑，说效率太低！你看我的，蹲在那儿两分钟就拧完了。开会讨论时，还说美国人效率低，拧螺丝还摆什么姿势啊！美国人说，我们是按程序做，只有躺在这儿，按这个角度拧螺丝，它的扭矩才是最合理的，这种扭矩使螺丝、螺母镶嵌得最好——在火箭发射震动时，才不会脱落。中国工人就想，我们怎么没有考虑到这点，光考虑效率去了。作一个对比，在一个行业需要精准时，就要讲程序化。如上面那种情况，很可能就因为一颗螺丝钉的角度不对，火箭就上不去了。我们国家有一次发射火箭，全国人都在看发射，结果没有成功。我有位酒泉的朋友说，是因当时旁边有位民工在挖沟，把电缆挖断了。这不是技术问题，实际上是在程序化上出了问题。所以有的行业绝对要应用程序化。

比如潞安集团在北京飞机维修厂，有一次国际相关的机构把它的资格认证取消，就是因为其员工的行为跟国际的规范、国际的作业标准有出入。我们的员工经常把一些过程忽略，尤其是在基层操作，有的技师是听声音就能够知道发动机是不是处于正常的运行状态，所以说他是凭经验去控制，而不是凭规则和流程去控制，因此可能会造成一些安全隐患。

规则权限数量化，有利于静态环境。在环境变化不是很大，市场基本稳定，产品也稳定的情况下，我们可以进行程序化。而家长制这种非量化，靠人的经验，动态的环境与激烈的竞争行业，有利于改革和提高灵活度。

章程与传统

第五个方法：对规则的遵守，是按照成文的规章，还是不成文的传统。对于官僚制来说，什么事都要下文件。家长制是一拍脑门，行！你说这么干就这么干。判别一个企业是家长制或官僚制时，这点很重要。比如到一个企业去，什么事都不发文签字，都是领导说了，就照着领导说的做了，它基本上就是家长制。

实际上，官僚制更注意文件、数据和记录。对于家长制，主要重传统，更重视影响力。一个决策如何做，它不看决策的理念或数据，它看这个人的影响力。人的影响力大就听他的，人的影响力小就不听他的。这种现象有优点，也有缺点。官僚制全按规章制度办事，往往造成决策的理性数据化，决策都需要找很好的证据来证明自己正确。家长制往往只看这个人的预见力，他说怎么做就怎么做，往往不重视数据，而应用直觉来判断。但有时作战略决策时，往往没有多少数据，如果都有这些数据了，就不用你做决策了。决策需要直觉和个人判断。

有的事情和事物，看似官僚制，实际是家长制。比如制订法律，如果你偷了我的计算机，可以判你2—10年徒刑。表面看好像成文，但实际上是家长制的内容。为什么？2—10年，2年也能判，10年也能判，中间的尺度怎么去把握？就会产生很强的人情关系、人为因素。如果用人的因素来判断，就不是程序来判断，这就是很明显的家长制特点。在法律建设上，如果避免人为因素，就必需提高法律的精准度。企业的规章制度也是如此，好多规定都是模糊的，就会造成家长制的文化。好不好，要根据你的企业规模和发展方向来定。比如现在聘你到某家企业当总经理，你有几种方法管理：一种方法，自己按照以往的老方法、老思路来管理，正好也管理好了，这也可以算成功，但这种成功只能算瞎猫碰到死耗子——恰好你的管理风格跟企业的文化一致。如果用权变的方法管理，就要分析它是什么样的制度，它发展到了哪个阶段，如何来管理？这就是我们讲的权变管理的方法。

我们进入一家官僚制的公司，与进入家长制的公司，行为方式是否应该一样？如果你想成功的话，考虑问题的方法就应该不一样！如果你想进入外企，外企一般是官僚制。既然是官僚制，你对自己重点培养的应该是工作能力方面，因为它更重视技术，而不重视交际。如果你选择家长制文化的企业，就要权衡一下，争取自己成为一个全才，爱好要广泛。你现在的学习发展方向，与对企业的认识还是有很大关系的，甚至有决定性的作用。这也是我们自身发展的一个大方向问题。你想进入家长制文化的公司或者社会，你就要做一名综合型人才——成为让人信任的人，培养自己的道德品质。如果你要进入官僚制的企业，就要使自己真正有一技之长——在技术上，不断提高自己，这样来安排自己的工作和时间。

如何判断文化，我们讲了几个条件，因为只有在结构中，才能真正体会家长制文化的作用。官僚制文化很简单，只要你有能力，别人就用你。只要有时间，你就有进步。有可能压制部分人才，比如某人专业能力非常好，但在官僚制里晋级很慢，因为它有很多条件、规定。在家长制里，可能上级看中你，一下就可以把你提拔起来，平步青云。这是家长制发展最重要的特点。必须真正形成家族关系（或拟家族关系），你才能得到信任。如果你不是家族关系或拟家族关系，怎么才能得到信任？也就说你要有忠诚度。这个忠诚，就涉及到你的人品如何。对你人品的要求要符合家长制文化的要求。因此在家长制中，更看重人品。在官僚制中，只看重能力——因为制度精密，你想捣乱，也没有办法，有很多制度要约束你。

企业发展大了，像做皇帝一样，家里没有那么多可信任的人，就发展官吏。皇帝对官吏的要求，最重要的是忠诚、忠君，为什么要忠诚？过去的忠诚，我们以为是道德上的要求，现在我们知道这是种必然。在这种情况下，发展要用官吏。但这种官吏，他也会发展自己的家族成员；当他发展到一定程度后，可以跟皇帝抗衡。这时，皇帝就有危机感，怎么办？就要抑制官吏。儒家的思想，就真正地受重视了。为什么受重视？第一，儒家提倡的是"三纲五常"，忠君忠国思想；第二，儒家培养的不是具体的技能，而是培养气质和素养：君子的风范。君子是值得信任的。

一个人如何让另一个人对自己忠诚？从家长制来讲，我是经理，我要提一名副经理，正好有名科级干部，他感觉自己的工作干得很好，认为你应该提拔他。如果我选择了他，他会认为是自己工作干得好，按官僚制来，就应该当副经理。但我偏偏不提拔他，而提他的副科长，这名副科长就会对我感恩戴德。同样道理，任何一名读书人、一名秀才，通过考试，可以直接升到宰相的位置。这里没有层级制的约束。如果有层级制，也是形式上的。为什么过去非常尊重秀才？说秀才了不得。因为今天他是秀才，明天可能就是七品芝麻官。七品芝麻官也是个小家长制，有生杀大权。这样，整个儒家就有了生长的土壤和社会动力市场。它起到一个作用：平衡了官吏对皇帝的威胁。只要是读书人，通过某种形式，都可以进入管理国家的官吏阶层。实际上，皇帝与民众，通过官吏连接起来，使官吏无法形成自己的家族政权和皇帝抗衡。

这是对中国传统文化的认识，我们过去属于家长官僚制并行——看似官僚制，实际上是家长制。同样，我们可以用这种思路分析、解构一个企业。你看它是倾向于哪种体制的？这家企业是以能力为主，还是以忠诚品质为主？现在的学校教育是按西方的学位制建立的，培养的是技术人才。在中国以家长制文化为主的国家，好多人说，这种教育是失败的！其实也不是失败，还是一种先进的教育。只是相对于某个文化氛围来讲，它好似不合理。但我们要知道，在言语、行为、修养等方面，还是要提高，不然只有能力，在为人处事方面，别人总是不信任你，你就得不到发展。除非你到一家外企工作。

大家有时间，可以阅读韦伯对中国文化、儒教文化的分析，进而会对中国的社会及文化有更深刻的认识。上述只是简单概述：要掌握的只有两个概念：一、家长制文化的核心是需要员工的忠诚度、素养、品质，员工最好是全才；二、官僚制文化的核心是需要员工的专业技术能力。

经济与自我发展

经济是个动力。如果文化、社会结构合理，会推动经济的发展；如果不合理，就会阻碍经济发展，产生相对的停滞、倒退。同时，经济发展也必须权衡与文化之间的关系。放在个人身上讲，你的发展也可从经济的角度进行评价，经济是发展的动力。

经济的作用类型可以分作三方面：一、发展的经济。二、调整的经济。三、协调的经济。发展的经济是属于上升型。调整的经济，整体不变，是有周期；协调的经济，是一个动力环节。发展的经济，要不断地找资源。调整的经济，在整体经济不变的前提下，进行一些调整。比如北京的产品卖到河北，挣了钱。但中国的经济发展没有？整体上没有发展，只起到了经济循环、调整的作用。就像两位经济学家，一起散步看见一堆狗屎，甲对乙说，你吃了给你200万，乙真吃了；创造了什么？产值200万。乙不服，又看到另一堆狗屎，乙让甲吃，承诺给甲200万；甲心疼给出的钱，也吃了这堆屎。吃过后两个人冷静的分析，钱还是我的钱，不过通过流动，两人各吃一堆屎，GDP增加了400万。协调经济的协调作用，会推动经济的发展，但它本身是非经济活动。比如说律师，他创造价值吗？本身不创造。汽车减震器提供动力吗？不提供。但是它有作用！曾经有位律师就问我，说一个月收别人十万块钱，非常内疚（佛教徒），他认为自己没创造价值，收别人10万块钱，业障挺重。我就跟他解释：如果你帮打官司的那个人，一年他能挣一千万。如果他公司的官司都由他一人来处理，他有可能也会做好，但他就少了一个月的时间去做自己的生意，可能会少挣100万。而他把10万给你，他的时间就不会耽误，一个月下来就会为社会多创造90万的价值。你这个律师，到底在经济活动中，起没起作用啊？这就是协调作用。

人生的择业，也存在这个问题。你想进入哪个领域？是发展性经济，调整性经济，还是协调性经济？各个领域对人的要求都不同，对你的目标设定不同，需要的能力也不同。

通过上面的学习，在面对职业这一概念时，我们会把一个职业当作一个职业来看吗？应该不会。我们对这个职业本身要解构，而且要放在大的经济环境中、文化环境中去认识，这个目标才有意义。想像一下，20年后自己成为什么样的人，是什么状态。要有个很清晰的图像，然后用一句话来概括。坐什么样的车，住什么样的房，跟什么样的人打交道。这样，你对自身的要求、发展的方向，在整体上就有了一个愿景和大体的认识。

如果你不清楚的话，你将会随波逐流，在人生中你只是演员，别人是编剧，来编排你的人生。现在我们一定要调整过来，要编排自己的人生。这些道具，这些场景，要你自己来确定。而对素材的把握，其实就是对社会的认识。

理念是我们选择人生的方向，方法和结构，是达到目标具体化的措施，利益是在整个过程中的动力。前两个方面是火车的双轨，利益是动力。再结合人生自我认识，理念由父母自我来提供，方法是成人自我来完成，在这个过程中，不断满足儿童自我的欲望。这样，儿童自我提供动力、兴趣，觉得这样工作很快乐；朝着父母自我的责任、理念、理想去发展，成人提供技术、方法，通过学习达到目的。这与整个社会的结构是一样的。这三点缺一不可。就像一辆火车要有两个轨道、一个车头，才能正常运行。整个人生的构造也是如此。

人生的认识

人类对人生的认识，有许多种结论，今天我只讲最普遍的两种结论：一种认识是宿命论，另一种认识是有神论。对于这两者我都不提倡。我提倡的是：命运是可以被组合的，是缘起的。如果认识再深一个层次，命运是可以改造的！如同一场戏剧可以编排。再深一步认识，命运是可以创造的，也是一幅图像，想画什么全部在于你自身。实际上这也是佛教的人生观——无论是缘起的人生、戏剧的人生、图像的人生，无非就是缘起性空和净观的方法，也是相应的小乘、大乘、密乘对人生的认识。只不过我们用更现代的概念和语言来诠释它。

过去的中国人都比较喜欢算命，或者有人看是讲佛教的人生观，就问老师是否能给我算算命啊！其实这种想法正是佛教所摒弃的。但大多数人对宗教的理解，是依靠算卦、迷信、有神论的观点来支撑自己的信仰，正好跟佛教的思想相违背，这也是当今佛教面貌的可悲性！

这里，第一我们要破除把缘起看成是宿命。你要认为自己是宿命：哎呀！我就这样，以后命运也好不了。这就错了！你要知道，口罩还是能买到的，不是因为你是新来的，不知道超市在哪，就买不到。不知道超市在哪儿，超市存不存在啊？还是存在的。只要有方法，完全能找到。大多数人，容易执缘起为宿命。第二，容易执外知识为内我：我认为如何，我觉得如何，是真正自己的思想吗？不是！是你的时间、阅历、学到的知识在大脑的储存，当学习的时间过去久了，你忘了这些是你学到的、听到的东西，你以为是自我的看法，并且执著它，不再接受新的思维和观点、不再发展自我的储备和资源。

如果突破上述两点，你的人生就可以改变和回归——真正缘起的人生、可以组合的人生。从宿命论和有神论中突破出来，重新组合自己的人生。用什么方法呢？——就是创造戏剧人生！

我们把人生作为一场戏剧来演，我们作为一名演员，要具有哪些技术、能力？你选择什么样的剧情？演正面人物还是反面人物？是当喜剧演员还是悲剧演员？这在于你自己的组合。每个人都是演员。我们选择坐在这里听课，这种状态，是因为我们三年前的努力考上了北大，决定我们能在这里。实际上，我们现在的行为，是受我们过去的思想所影响。这三年的努力，又决定了我们今后三年身居何处、发展方向。这场戏剧的结局是喜是悲，想获得一个什么样的人生？是幸福的，还是痛苦的？都是我们自己来决定。

所有人的人生都是有起伏的，任何事都有起伏，有好与不好，有得意有失意。如果你认为自己是悲惨的，而恰好你的人生发展阶段处于低潮，你就会下结论：我的人生就是这样失败，而不再去努力了。如果一个人认为人生本身就是快乐的、是可以成功的。当遇到这个低潮阶段，他就认为这一切不如意只是暂时的境界。

记得小时候看电影，看到共产党与国民党打仗，刚开始时，肯定是共产党很厉害，打败了国民党；看到这，心血来潮，觉得很好。到中间阶段，就乌云密布，哪个叛徒出卖了共产党，非常压抑。最后共产党的大部队来了，坏人正要枪毙共产党员时，肯定是被一枪打在手腕上。观众起立鼓掌，电影结束。国民党如果也拍这样的历史故事电影，肯定也这么拍，同样的故事把哪一段作结局，故事的性质就不一样。同一场战役，拍时选取的时间点和要表现的主题不同，就会有两种不同的电影结局。其实我们人生也是这样。

看电影如果忽然放映机坏了，正好到哪个叛徒出卖了共产党，拷贝放不出高潮的结局了，大家都很郁闷，压抑着回家，心情不好！我们的人生有时也会这样。所以要对自己的人生结局有个清晰的图像。悲观的人，看到半杯水会说："哎呀！就剩这么点儿水了。"乐观的人，看到半杯水，会说"真好还有这么多！"我们人生的连续剧是不断发展的，没有一个大结局，只有你对人生的定位。在低潮时，你知道一切会好的；在高潮时，你知道一切只不过是一场戏。用这样的心理素质，继续演戏创造人生。

如果通过分析，就知道我们的人生到底是在吸取哪些能量，是正面还是负面的。我们对中间人生定位到底如何？对自己人生结局到底是怎样的看法？这个结局叫心灵结局，真正的人生是不会结束的，但在心灵上有个定位：就像我们研究沟通分析一样，人人都是有生活脚本的。有些人认为自己是悲剧性人物，有些人认为自己是成功人物；事实上，可能发生在他俩身上是同样的事情。你看你属于哪种人物？在你内心，是如何给自己定位的？给自己贴的哪个标签？是主动的？被动的？如果有的话，如何改造？

应该学会常用一句话，或一幅图景来想象和概括你的未来

戏剧的人生，包括人、物、事和你的能力。组合的人生，又是如何来组合的？这是我们讲人生认识后将要展开的内容——即目标分解、如何反推自己的人生。

目标分解，是用方法把我们的人生目标或要达到的愿望，进行分解。看里面有哪些要素，如何来组合，来推动发展。这些要素组合在一起时，我们的目标就达到了，也就成功了。目标反推成我们现在的行为规范，如果我们每天按照这个计划做好每天的事情，其实我们的目标就已经在实现了。

给大家举一个例子，我姐姐让我在学习上开导开导她的孩子。我问外甥（当时他读高三）：你喜欢什么样的车？——悍马！知道最便宜的悍马多少钱？——87万。要想开悍马的话，有几个方法。第一，给别人当司机，愿意干吗？——不愿意。第二个，自己花钱买。第三个，去抢。当然，只能去买。要有钱买，就需要有赚钱的能力。但现在你学习的状态，是抱着开悍马的理想，做着开夏利的行为。按现在的行为，毕业后就是开夏利。说不定，夏利都开不上。我们要从结果反推过程，得到我们现在所该有的行为方式。按照目标分化我们的时间，分化我们的精力，确定我们的目标。

还有一件事，是发生在我去印尼时，希望对大家有启示。

我在印尼一家饭店吃饭，偌大的饭店有五、六十张桌子，但当时就我们一桌客人，平时平均一桌只有一、两只苍蝇，因为没有客人，饭店里的苍蝇就全都飞到我们这张桌子来，特别多！我们要吃饭，又不能杀生！服务员在一边用手帮赶苍蝇。但我们吃的没有一点兴致。一边是海景，一边吃美味，煞风景的是服务员在哪儿赶苍蝇。这时，首先要考虑苍蝇要什么？不是考虑自己，苍蝇要什么？要吃的。不能打它，一打死，我们也不能吃了。苍蝇要吃的，我们要舒服，要享受地吃。明白这个道理后，方法就简单了。我们在旁边的桌上，摆一桌吃剩下的海鲜壳之类的，在我们桌子的另一边，摆上风扇吹桌子——苍蝇在我们的桌上无法降落，站不住。结果，所有的苍蝇都过去旁边的桌子了，我们这边的饭桌上一只苍蝇也没有，我们安心地吃了一顿饭。整件事情听起来好像是世间巧智，但仔细分析：我们的概念不是打苍蝇，而是考虑它的需要，如此一来才能得到我们想要的结果。这就是佛教徒做事应该有的方法——按缘起来做事！

在印尼需要给服务员小费，应不应该给小费？取决于服务员的服务。最基本的服务，给小费也提供，不给小费，也提供。但要想得到优质服务，就要有利益驱动。他的工作就是服务，这是他的理念；但他如果想赚更多的钱，就要提供优良的服务，这之间是因果关系。因此，结构决定了利益。但不是所有的地方都这样，还要看大环境。在中国的大多数服务员，可能就不要小费。我在讲一个什么观念呢？利益是互动的！也就是在因果行为之中，是互动的，相互是有连接的。一定要把这个思路想好。怎么去解构，怎么形成一条纽带？在这里，就要用反推的方法。

在我们过去的课程里，也讨论过中国服务员要不要小费的问题？答案是不要！但是，有没有小费？有！叫"瓶盖费"。

在饭店里，服务员会向你推荐说，喝这个啤酒好，你如果喝完了，他把瓶拿走，把盖揣兜里，拿出去就可以换钱。有的瓶盖是一块钱，有的是两块钱。如果情况好的话，他一天能多挣二、三十块钱。

对他来讲，500块的工资以外，他还可以挣一千块钱。这也就是所说的潜规则！中国存在这个经济现象。我们也用反推的方法，看厂家、服务员和酒店的关系。反推：厂家，要最大的销售量；酒店，要最大的利益；服务员，要最高的收入。这是他们的终极目标。酒店一般要控制服务员收瓶盖，有时会与厂家直接谈，不允许给服务员瓶盖费，而要求把酒价直接降到最低的成本价——本酒店的酒要比其他酒店便宜。但是，厂家不只一家，是多个厂家。这家酒店的做法，会影响某些厂家的生意。如果这个厂家产品卖不出去的话，会倒闭，员工会失业。

这是反推。再反过来，如果服务员追求最大的收入，他会只卖一两种酒水。这样便会影响到消费者的利益。如果消费者在酒店消费不好，可能不再光临酒店，从而影响酒店的生意。如果酒店生意不好，服务员也会失业，厂家也会受损失。这样推论下来，因果链条很复杂。如果对服务员的瓶盖问题，设计一个规章制度来解决，行不行？可以。但实际执行很难。因为服务员流动性大。还是需要靠人来管理。

从结构、制度和文化的整体构造上，法律规则不健全时，是要依靠人品和情感来保障的。如果法制不健全，又对舆论不控制的话，社会就乱了，会产生很多无序。如果法制健全，舆论愿怎么说就怎么说，因为法律处处可以约束你。它们之间是一种平衡关系。所以我们不要攻击说国家没有自由，我们国家的自由是最大的。在新加坡偷东西要给你鞭刑，当然没有人犯法了。我们国家，你偷了东西，一般教育教育罚点款也就放了。但在舆论上，大家认为单位的某个人是小偷的话，人们都不会理他。我们国家是提倡家长制文化的社会，一个人的名声，在公司里，甚至比能力还要重要。

再说一下因果关系——如那些苍蝇，既要给它饭吃，又要制造另一种不舒服的环境，阻止它去，才能实现我们的目的。我们对自己的能力反推方法往往比较复杂，也比较多。但我们提倡人生要有目标，每天要有目的；因为目标设定了，每天应该做什么，怎么做，就很清楚。

现场开示录

问：按照您的反推法，如何为酒店、厂家、服务员这三个环节设置规定和处理三者的利益纠葛？

答：就是结构、文化要协调。要么设定一个健全的制度，要么聘用的服务员品质要好，不会损害别人利益。要是制度健全的话，瓶盖是流动不出去的，服务员会很老实的执行制度，但这样酒店要有另一种激励服务员的方法。制度不健全，管理不好服务员，就要聘品质好的服务员。这是文化和结构之间的作用。

问：酒店要是反对服务员的行为，厂家怎么办？

答：服务员只是厂家推销的方法之一，如果要提升销量，厂家还要以产品的成本、质量等方面作为主体，来降低自己的价格，创造自己的品牌，提高市场竞争力。给服务员瓶盖费，只是一条线，因为事情是多因素结合在一起的。不能只依靠一种方式销售。

问：创造价值，对有佛教信仰的服务员来说如何处理这个问题？

答：服务员也要创造价值。比如我拿1000块工资，我就要付出等于我收入的劳动。不干活，只拿钱，是违背因果的。佛教讲不背业，讲究多创造价值。如果只是口头提倡，而不去执行，追求所谓的清静，那就是错误的。

上述是反推的问题，具体还有反推的方法。下面就把反推方法的思路讲一下。我们有套表格，按这个表格填上自己愿望，如何实现它，如何保证动态循环过程的灵活性。每个人从填表格到辅导的这几个小时里，就可以完成你每天需要干什么，到几年内干什么等等内容。单独辅导，要两三个小时。现在只讲一下思路。

我们首先要有愿望。比如，我想过什么样的生活，想成为什么样的人，我的家庭会住什么样的房子，有什么样的汽车，我在专业上达到国际水平还是国内水平？愿望要确切和形象。之后，写出实现这个愿望的初浅方法——即怎么去实现这些愿望。然后，我们问自己的儿童自我：愿不愿意达到这个愿望？再问父母自我：这个愿望违不违背道德规范、国家法律？然后问成人自我：我有没有方法来完成？写愿望时，不是只写一个愿望，而要写多个，只要你能想到的都写出来。每一个愿望都通过儿童自我、父母自我、成人自我来衡量，一个个地淘汰。剩下的一、两个，就是你需要的。首先，有兴趣，满足儿童自我；不违反法律，父母自我也同意，符合自己社会责任感和期望；成人自我又能提供方法。这样的愿望，才是我们真正的愿望。这是第一层互动。愿望有真实可行性！

这层互动完成后，还要考虑实现的方法问题。方法是分解法：将所需要的人、物、环境都列出来。完成这个愿望，需要跟哪些层面的人接触；需要哪些物品；具备哪些能力；在哪些环境中完成？国内还是国外，是院校，是企业，还是事业单位？进一步分解：如果没有这些物品，哪些人可以给你提供？如果没有这样的能力，你需要哪些行为来学习？这样的环境如何来创造？当有一个细分后，你就清楚地知道，你具备什么条件，哪些还没有具备。归结起来，你就清楚自己现在的状况，并对自己进行定位：第一、今后主要打交道的人群是哪些？第二、你要具备哪些能力？第三、你要到什么样的环境中去。而环境又包括这环境中的人、事、物。到最后，确定到每个月你要打交道的人，学习与这样的人群打交道的能力，要花多少时间？这是每个月的时间计划。接下来看能不能推到每天？如果你每天这样做，每月完成了，就能达到你自己的愿望。如果少一条，都不可能。

我们有比较详细的分析和调查。很多人列完表格一看，发现一天要用28个小时才能实现这个愿望。这时，我们就要对列出的愿望进行割爱。不可能又成为足球明星，又成为作家。人的精力是有限的。如果我们单独把方法推给大家，没有前面的分析、认识，这个方法很一般。如果我们把人生戏剧化的理念，延伸的图像，解构的方法，这些思路结合在一起运用，我们对自己的人生，就非常清楚是什么样，不会有任何迷茫！

迷茫，是因为我们过去对社会没有认识。蚂蚁过一条河，在我们看来，从哪儿到哪儿，一目了然；而对蚂蚁自己来说，就不清楚。如果我们对人生认识的深度、广度，能够像我们看蚂蚁过河那样，那我们对自己人生的发展就很清楚。

人生的愿景很重要。我有一个学生，他事业做得非常成功，资产上亿。我发现他成功的原因源自他的信心——他可以欠别人四、五千万，继续坚持经营自己的企业。企业的发展都有负债经营的阶段，为什么他能负债四、五千万？别人可能负债二、三百万到一千万，心理就承受不了，就决定不做了。为什么他可以，因为他有很大的愿景——成为亿万富翁。所以他就有这个心理承受能力，能够承受几千万的负债经营。如果只想成为百万富翁，负债一两千万，可能就自杀了。所以我们应该好好考虑缘起的人生、改造的人生和创造的人生，这三个层面的人生和定位，会给我们的人生提供不同的推动力。

问：请问您戏剧化的人生，与佛教的缘起性空之间的关系。

答：戏剧的人生，类似于佛教概念的"性空"。但是我们现在尽量不提"空"这个概念，因为好多人对"空"的概念，解释得有些偏。佛教的每个概念，在佛教的不同发展时期，其内涵都有所不同、有变化。小乘、大乘、密乘、南传在"空"这一佛教概念上，都略有不同。我们就尽量不用空这个概念。比如密乘对空的理解，宗喀巴大师高举缘起大旗，甚至把对《心经》解释：空即是色，色即是空，他将空解释成无自性。这样也有些偏颇，但是矫枉过正是需要的。

没有什么"空"，无自性就是"空"。以后尽量多用"无自性"。好多人把真如与空，混为一谈，造成混乱。用"无自性"比较恰当。人生就是一场戏剧，不能定义为悲剧或喜剧，人生不是定下来的，是缘起的、可以改造的——这就是无自性！这就是戏剧的人生。

我们说人生如梦如幻，不是说，摸你像摸光体一样——这不是什么如幻的人生！那是做梦，梦幻人生。好多人对佛教的理解，在概念上就错了，混淆了。因此，我们要做的工作就是：把汉传佛教的概念，重新解释一遍！什么是无明？什么是空？什么是苦？基本概念如果不划分清楚，不划分阶段、意义的话，很难让学佛的人受益。往往是越学脑袋越糊涂，越学矛盾越多，而且对自己行为产生束缚，不是推动。当时印度的沙门思想，是推动社会发展的，是非常积极向上的；而当代我们的佛教思想，是推动社会发展的吗？只能说是推动旅游发展。但旅游发展，一定要佛教来推动吗？杂技团非得搬到少林寺吗？不一定啊！

汉传佛教将做的工作：一、借鉴辽代佛教模式的发展。二、理清汉传佛教中概念的混淆。什么是心？可以有一千种解释。佛教的两个核心概念：一个是心，一个是空。而这两个概念恰恰也是最难理清的概念。有些人是天马行空讲，别人在讲法身的事，他在说报身；你说报身的事，他跟你讲缘起。反正他都说你不对！你说是真的，他说是心中物；你说是心中物，他说："我拿个瓶砸你，不疼吗？"绕来绕去，把别人都绕糊涂了，对人生起不到什么积极作用！所以，宗喀巴大师针对这种现象进行了改革。虽然他是讲中观应成派的观点，但他最重视的还是缘起，最怕说空，根本不提这个概念。他全部按缘起的方法，对佛教的管理采用官僚制，阶层制。他对格鲁巴的改革，重点是按道次第来划分。道次第是什么？就是官僚制。

你说你开悟，我也说我开悟。你怎么开悟的？我又是怎么开悟的？我打你一棒子，你喊我一下，有什么评定标准？就因为你是我徒弟，大家都认为你开悟了。看谁的山头高，谁的名气大，谁开悟。这是家长制。而格鲁巴是要通过考试，通过辩论；你说你行，那大家都来考你，考过了，你是堪布。最高级，你是甘单赤巴。这是阶层制的，有利于宗教在社会中的发展。实际上，藏传佛教发展也是很好的。

辽代佛教也非常值得我们学习，它是专业细分化。以后，我们借鉴辽代佛教，会给大家推出一条新思路。在这里说的家长制与官僚制，不是一个名词，它们反映出整个社会发展的一种必然。官僚制发展到极端，也有体制上的问题。现在比较流行团队概念，这个概念就是在官僚制的基础上延伸出来，再回归家长制的优点。如果官僚制还没建立好，就建团队，那会是一团糟，大家之间相互勾心斗角。因此，汉传佛教的改革，如果建立不起官僚制的话，这个问题就永远解决不了。官僚制的建立方法，想通过戒律来，不行。五戒、八戒、菩萨戒，这些都不够实际，你怎么就知道我守的戒好不好？拿到菩萨戒本，就是菩萨了吗？不好检验。这样的话，存在很多问题……

大乘佛教的理念是戏剧的人生，密乘的净观理念是创造的人生。（密乘的净观，首先有个愿景，它包含了很多深层次的理论作为依据，以后有机会再详细探讨）

问：我认为有关缘起的概念，还有另外一层含义。（举弥勒日巴与玛尔巴的一段故事，认为缘起还有预示的意思）

答：你所说的缘起，不是佛教的缘起。与算卦的梅花易数差不多。你只是借用了佛教的概念，与佛教缘起的真正内涵不一样。比如，我想知道现在是下午几点钟了，恰好我看这窗户有四个格，就想现在可能就是四点吧。这与佛教的缘起不同。佛教的缘起是一个事物，不是其自身，而是有其他一些事物组合在一起而成，而这些组合它的事物，也是有另外一些事物组成的。你说的缘起跟这个概念，不是同一个意思。

你讲的这个故事可能在藏传文中，不是这样写的。而是我们汉人在翻译故事时，就把它翻译成"缘起"。汉语中同一个词，往往有多意。在学术里，如此表达有很多弊端。虽然是一个意思，但可能听的人，理解的又是另一个意思。所以，在传授与学术中，还有许多工作要做。往往有些法师不太严谨，想起什么就说什么，反正都是空，都是显现，无所谓。农业社会，大家听了记不下来，只是对某种具体的环境人物而言讲了，就受益了。现在不同了，你讲完了，有录音有文章，好多人还给你发在网上。一句话说出来，正负影响都有了！不同社会是不一样的。我不提倡禅宗，就是这个原因。它把好多概念都搅乱了。如果你把禅宗作为精神的一种艺术享受是可以的，为自己的艺术找点灵感是可以的，但它不是佛教。佛教的禅宗，绝对不是这样，是很严谨的。所以，过去祖师是用《楞伽经》印心，《楞伽经》是很高深的理论。你不学《楞伽经》，按道理是不能学禅的。后来农业社会，大家的时间主要是用来干活，就不学理论，参一句话头就可以了。这是一个社会发展的产物，但绝对不能代替佛教的正宗和主流。

我们要从佛教最精华处入手，结合当代产生一个方便法门，真正让更多的人受益。所以，我们说佛教发展上的这些问题是应社会发展产生的。只是说其结合那时社会现实的那种形式，流传到现在对现代社会产生很多弊端，要反对这种弊端。

因此我们尽量不用佛教概念，甚至官僚制的概念，都可以不用。因为一提官僚制，大家对它都是一种低效率的概念。官僚制是看着节奏慢，但社会整体速度快；家长制是看着很忙，但内耗大，社会整体发展速度慢。但现在我们已经在家长制的社会结构里了，搞纯盘的官僚制反而不行。所以国外的有些公司制度，拿到中国，为什么效果不好，就是这个原因。矩阵式或空降兵的管理，反而不行。对我们人生的管理也是这样，全按国外人才目标发展也是不行的，要考虑国内发展的具体情况。近几年我们争取把这些佛教概念都讲清楚，就不会错了。

其实，姚卫群老师针对"空"的概念，专门写过一篇文章，里面对四种空的认识，及其各自概念和佛教所谓"空"的真正含义是什么，都写了。我认为这项工作应该真正开展起来，把所有佛教的基础概念，都用这种方法，进行辨别。大乘、小乘、密宗和部派佛教的各个方面的概念，理顺清楚。这样，我们在交流、学术探讨过程中，不会再被这些概念困扰。

问：我接触过一些南传法师，也接触过汉传法师，觉得南传法师的修行很精进，很如法，你认为是否应该学习南传佛教？辽代佛教又是什么样子？

答：辽代佛教显密都很发达，对辽代佛教的研究，主要是借鉴它的形式——就是我所说的专业细分化。现在出家法师在工作上基本不划分具体职责，而辽代分得很详细：讲经师，专门讲经的；仪轨师，专门念仪轨、念唱；再有是咒师，实际修行。那时如果你出家就按照这三个方向，对自身进行专业的发展定位。现代佛教可以借鉴这一点，从而避免很多问题。汉传佛教，没有定位，大家都想当方丈。主要怕老了，不让你在庙里呆。你得想办法，多收弟子，或者干脆自己当方丈，勾心斗角。即使当不上方丈就努力出去自己盖个庙。现在寺院多，和尚少，如果一座寺院一位和尚的话，庙也够。但为什么，总在建寺院？这个原因不是我们所能想象的，中国佛教的发展思路不对！不是应该学南传佛教，这不是解决问题的办法。应该按我们讲的，把其因素分成几个：经济结构、文化、社会作用，就知道现在的现象是种必然。而不是说，现在学南传、汉传佛教就会很好。

问：四禅八定，摩诃止观是修佛好坏的标准吗？

答：这样的想法比较狭隘。因为四禅八定，不是佛教的理念，它属于婆罗门的共法。其他的宗教也都有，也可以达到这一境界。所以佛教也不一定要四禅八定。比如《圆觉经》的止、观、禅，高度完全超过四禅八定。而且有些动物，四禅八定的功夫也很厉害，它们成佛了吗？佛教的核心不在四禅八定上。禅定是种食物，出家人以禅定为快乐，是自己获得安抚的方法。跟佛教本身，跟佛教的发展没有太大关系。

这里有一个对佛教认识的概念。佛教到底是什么？佛教有很好的教理就能发展吗？不一定。这是系统化的问题，也就是缘起。我们可以把缘起想成一个系统化的问题。我们中国的佛教发展不是教法的问题，而是寺院经济的问题。如果把寺院经济结构改变了，就能向正常的方向发展。如果一个人衣食住行都解决不了的话，让他干什么都不会安心。什么叫安？一所房子，下面一个女人，这叫"安"。出家人叫"居"，是一个"穴"，得有个地方住。我们僧籍制度是怎么管理的？有没有养老制度？工作制度有吗？最低保障制度有吗？学佛是种精神生活，是建立在物质生活基础之上的。学佛是种理念，需要有结构和经济利益支撑。如果没有这些，学佛的理念只是无根草，什么教法都没有用。当然佛教的结构在不断调整，调整到一定程度，才存在理念问题。如果这两方面都梳理好后，中国的佛教发展才能趋于正规。现在是其初级的发展阶段，还处在经济建设最原始阶段的家长制的过程中，不要对它要求得太高，对佛教概念，也要不断肃清它的流弊。

唯识学的老师们，是在建立佛教的初级概念，把佛教的概念搞清之后，才能上升到学术。这些基本的佛教概念都不学的话，就念阿弥陀佛，省事，省心。净土宗可以作为一个过渡，不用任何理念就念一句；但是它有很多弊端，这个弊端，如何避免？可以借鉴新教和日本佛教的发展。我们要真正认清这一点，把佛教本身也作为社会的缘起。佛教不是天外之物，你是在一定社会环境中，你必须服务社会，社会才反过来服务你；你不服务社会，成为社会的一个累赘，或者一种反动力，那将被社会和人们唾弃、淘汰。

这与上面讲的服务员、酒店、厂家的关系，是同一个概念。当然，佛教不是那只苍蝇，我们不要做不劳而获的苍蝇。但是，好多人都有苍蝇思想。什么叫苍蝇思想？我到哪儿供养一块钱，就觉得自己应该获得一百万，但自己又不去做。这是不是苍蝇思想？不去创造价值。好多学佛的居士，不好好工作，去念佛，自己工作让别人来做，然后工资少给他，还不愿意。这就是苍蝇思想。

问：您说的缘起显现，如果自己没有亲身经历，目标选择是否会不清楚？

答：不需要亲身经历。比如，我说口罩的事，虽然我没有真正地去做过。讲完之后，大家心里都很清楚到哪里去买。现在给你钱，你应该能买到口罩。所以我们要绝对反对神秘化！在西方宗教发展有个很重要的发展阶段，就是去除巫术，杀了很多巫婆、神汉。这属于宗教的什么?宗教制裁，好像不好，但仔细想想，对西方理性化发展绝对有好处。人类的发展，就像我们身体上的细胞一样，当我们是胚胎时，都是圆圆的一个，随着生长有些细胞死亡，有些细胞发展。我们的手也就生长成了；如果手上的细胞都长出来，就是鸭蹼了。社会发展也是同样的道理，有些人，有些思想，要被淘汰。现在就要淘汰神秘化、巫术化、不可知论。不可知只是暂时的，相信人类理性的发展是必然。我们不提倡"怪力乱神"，始终持一个中立的观点，来看待这些问题。它们只能说是不可论的。就像我们现在不再提解放全人类。如果解放全人类，就是战争。但是我们从经济的角度，如果很有钱，把别的国家买下来，也是解放全人类。概念不一样。过去的概念与现在的概念，是不一样的。

任何事物都是双面性，看到有利的一面时，也要看到它有弊的一面。如学骑自行车一样，我们在还没有学会的时候，骑车会栽跟斗。但不能因为栽跟斗，就不学骑车。问题是好多人学佛，就像学了几年骑自行车还没有学会，一直栽跟斗，耽误了自己的成长。在农业社会，这样无所谓，地荒几年，接着种更好；一把火烧了，钾肥还更多。但在如今的工业社会，如果你几年不学东西，思想停滞的话，人会像白痴一样，别人说什么，可能你都听不懂了。在高速发展的社会，不允许我们犯太多的错误。我们的眼界一定要更加开阔，不要狭隘在一种思想里。要从历史的思想中，多借鉴别人的成长经验；争取在别人失败的教训中获得经验，少走弯路。

有时少走弯路，比你掌握更好的方法还重要。特别是在思想上，思想上走弯路是很危险的。行动上的弯路容易掉头，思想上的弯路很难纠正。所以我现在不太提倡四禅八定，而是先开阔视野，明白概念；真正对某些事明白后，再行动，这才是很好的发展。年轻人还是以事业为重、能力为重。

高七师讲准提咒十大功德门

第一讲 护持国王安乐人民门

今天讲《显密圆通成佛心要集》【以下简称为《心要》】里所述的陀罗尼十大功德。对于持诵准提咒的功德，道大师除了引用准提咒诸经典的内容以外，也汇集了很多陀罗尼的功德来赞颂准提法的殊胜。

在很多年前我就在读《心要》，但是始终对这十大功德没有仔细去读。为什么呢？因为我觉得，既然道大师说准提咒这么殊胜，我就以信为主，用心持咒即可，不用看这十大功德来激励自己，因此也就没有很好地学习。这次我们要详细讲《心要》，当然也会比较详细地讲准提咒的十大功德，也借这个机会认真学习一下，跟大家一起来交流交流，希望通过这次学习加深我们对准提咒的理解。

我们先讲道大师对陀罗尼的赞颂。道大师对陀罗尼的赞颂是采用汇集陀罗尼经典的方法，把经典中对咒语功德的赞颂分成了十个门，这样，有利于我们快速地掌握陀罗尼的功德。

一护持国王安乐人民门

二能灭罪障远离鬼神门

三除身心病增长福慧门

四凡所求事皆不思议门

五利乐有情救脱幽灵门

六是诸佛母教行本源门

七四众易修金刚守护门

八令凡同佛如来归命门

九具自他力现成菩提门

十诸佛如来尚乃求学门

十大功德之一：护持国王安乐人民门

道大师对经典的摘要，是非常有逻辑性的。从他在讲述护持国王安乐人民门这一小段中，我们也可以看出道大师写《心要》的思路是非常清楚的，道大师是从六个方面来引经论证陀罗尼的修持是可以护持国王安乐人民的。

第一，陀罗尼利益于国家；第二，陀罗尼可以利益于国王；第三，讲陀罗尼是如何利益于人民的；第四，劝谕国王要持诵陀罗尼，要让王子大臣持诵陀罗尼；第五，回答一些疑问，比如为什么陀罗尼偏偏要护持国主呢？这个疑问在其他经典中也有答案；第六，道大师引证国家因修持陀罗尼之后，财源丰饶、国泰民安的例子。

我们在看经典的时候，也要带着这种思维逻辑来看，才能看到经典的要义之所在。不然你会感到整篇只不过在引用经典而已，不知道里面的一些逻辑关系。经过这样的分析之后，希望大家在读诵《心要》的时候，能够更加清晰的理解它的核心内容。

修持陀罗尼能利于国家，我们看经典原文："故宝星陀罗尼经云。一切国土中。所有陀罗尼流行之地。令其人王常得拥护。势力自在。亦能拥护王之政化。所有王子妃后。宰相辅臣。诸官将等。皆得拥护。令获安乐。国中所有内外怨敌。谋计奸诈。疾疫饥馑。亢旱水涝。恶兽毒龙。如是一切不祥之事。皆悉断灭。复令财谷丰饶。库藏盈溢。华果荣盛。人民安乐。又宝藏陀罗尼经。说陀罗尼流行之处。能拥护国王王子。妃后公主。百僚辅相。令其灾难消灭。所愿圆成。善神加护。不令鬼魔来相娆恼。复于国内获十种果报。"就是说，《宝星陀罗尼经》记载，凡是一切国土中，只要有陀罗尼流行的地方，可令这一地方的国王受到人民的拥护，国王颁布的政治条令也能够顺利的实施。国王的王子、皇后、宰相、大臣、官将、文武百官等都同样能够得到拥护，并且安乐的生活。

虽然现代社会没有国王了，但只要有陀罗尼流行的地方，同样他的政府也会获得人民的拥护，政策法律也可以得到实施。有陀罗尼流行之地，不仅有利于国家，有利于国王，而且更利于国内的人民，使国内各种灾难消除，并且将获得十种非常有利于人民的果报。因此道大师在下面就规劝，作为人王应该勤修陀罗尼。

"又云。其诸人王。欲得现世安乐离众患难。其王应当勤心读诵陀罗尼。亦当劝于后妃婇女诸王子等勤心修习"。

道大师用很大的篇幅，来引经论证说明在陀罗尼流行之地，国家、人民、国王可以获得安乐。但实际上是我要劝大家要行持陀罗尼法，常诵准提咒。因为我们常诵准提咒，宣传准提法，让更多的人持陀罗尼，那么我们的国家就会变成陀罗尼流行之地，就会显现很多殊胜的利益。我们持诵陀罗尼就是在报国恩，在报家恩，在报人民的恩德。因为持诵陀罗尼可以有利于国王，有利于国家，有利于政府，有利于人民，这就是持诵陀罗尼的功德。因此，我们读这段，要想到我们持诵陀罗尼的功德是非常殊胜的，是在庄严国土。

在这里，道大师为什么要说持诵陀罗尼可以护持国王呢？他讲国王安乐时人民亦得安乐。最后，道大师引用辽代天佑皇帝持诵陀罗尼管理国家作为实例：天佑皇帝弘扬佛法，使法轮常转，人们都因佛法的教诲很有智慧，大家都持密咒，从而国泰民安，万民永乐，这就是陀罗尼的灵验之所在。

大多数人对辽代不是很了解，最近我们对辽代当时的经济、政治、佛教文化方面做了大量的研究工作，得出以上结论。这个学术成果，我们已经公布在准提法网络佛学院的网站上，如果对辽代佛教感兴趣的人可以登陆学院的网站进行学习。

通过此功德门的学习，我们要深信自己在持诵准提咒的当下，在弘传准提法的同时，就已经在利益于我们的国家，利益于人民。

第二讲 能灭罪障远离鬼神门

十大功德之二：能灭罪障远离鬼神门。

此功德门道大师是分两个方面对陀罗尼的功德进行了赞颂。第一方面修持陀罗尼可以灭除罪业；第二方面修持陀罗尼可以远离鬼神。

第一方面在《菩提场庄严陀罗尼经》以及《最胜总持经》《楼阁陀罗尼经》中都记载说：倘若把陀罗尼的咒文，写在佛像之中、塔中或铃杵中，或者写在幢上、纸上、木板上等等，只要是众生看到或是身体接触到，甚至真言上的灰尘飘落到众生的身上，无论是通过什么形式，只要是众生看到听到或是接触到，纵有五无间的罪业都可以消除掉。

什么是五无间罪业？就是犯了出佛身血、杀父杀母、破坏僧团、杀阿罗汉等这些罪业，统称为五无间罪业。而这么重的罪业都可以消除掉，是因为陀罗尼的功德化除掉，来世就会生在有佛法弘扬的国家，何况你能够亲自诵持陀罗尼。我们知道如果犯有五无间业，对往生极乐世界来说是一个很大障碍，但只要我们修持陀罗尼，就可以消除自己的五无间业。

在《心要》下卷"供佛利生仪"中，道大师也引用了很多咒语。观自在菩萨有个甘露真言，此真言用起来非常方便。应用的方法就是每当下雨时，你面对天空诵这个"圣观自在甘露真言"二十一遍。通过你诵真言之后，这场雨的每一个雨滴落到任何一个众生的身上，此众生的罪业都会消除，而且会增加他的福报，这种利益众生的方法是非常方便的。在我们"供佛利生教学专辑"中，有此真言的读音以及详细的持诵方法，相信参加准提法网络佛学院学习的学员，都可以学到圣观自在甘露真言的发音和念诵方法。

这里简单给大家说下发音，

曩谟啰怛曩（二合）怛啰（二合）夜（引）野。

曩谟阿（去引）哩也。（二合）嚩路枳帝。

湿嚩（二合）啰（平引）野。冒地萨怛嚩（二合）野。

摩贺（引）萨怛嚩（二合）野。摩诃迦（引）噜抳迦野。

怛你也（二合）他。（引）唵。（引）度颏度颏迦度颏。

婆嚩（二合）贺。

（乐略者。只唵字已下持之。唵字已上。是归敬辞。唵字等是正咒也。若书此陀罗尼。于钟鼓铃铎等一切出声物上。或有撞击吹振出声。一切众生闻此声者。悉皆清净。命终得生西方净土。）如果你愿意持诵此咒，可以专门修持，如果你不愿意持，用准提咒代替也可以。天空下雨时，我们念诵准提咒，雨滴所浇灌的地方，滴到的所有众生，都会得到利益。

修持陀罗尼到一定阶段的人，无论和任何众生说话，只要对方能够听到此人的声音，对方的罪业都会消除，甚至其声音所过之处，眼睛所见之人，他们都会获得无边的利益，这就是陀罗尼的殊胜之处。在《心要》下卷"供佛利生仪"中，还有其他的咒语，比如说大宝楼阁真言，无论你写到任何地方，只要众生能够看到或从上面过，都会获得很大的利益。这是修持陀罗尼的功德，可以灭罪业，而且灭罪业的方法是非常善巧方便的——只要众生听到、看到、闻到陀罗尼的声音形象，其罪业即可消除。

我们再看看"持诵真言远离鬼神"的作用。在修持准提咒的时候，准提咒最后有个部林咒，此咒就是大轮一字咒。《心要》记载：持咒者，"于四方向五百驿内。诸恶星曜鬼神天魔等。尽皆驰散而去。"那什么样的鬼神可以留下来呢？就是发善心守护持咒者，作为修持护法，是可以留下的。"若有固尔不去作障碍者"，大轮一字咒会使这些鬼神头破百分身心粉碎。就是说，此咒如此护持行者，直至得菩提。

很多经论都提示这一点，对于修定的人，打坐的人，如果不依陀罗尼来护持，很容易被鬼神所恼害。在《金光明经》中说，十地菩萨尚且以咒来护持，何况我们这些凡夫？佛在《首楞严经》中也这样告诫：对不持咒而坐道场，如果想让他自己的身心远离魔事，那是不可能的。对于末法众生比较喜欢修定的、打坐的这些人呢？如果害怕受到邪魔的侵害，应当持诵部林咒。如果你不能持诵，那最起码要把这个咒语写在禅堂上，或者戴在身上。这样，一切诸魔就不能对修行者进行侵害了。

因此一般来讲，咒语是显密共通的课程，这是讲的第二方面。

总述，此功德的重点有两点：第一点，听闻、持诵、眼见陀罗尼，可以灭除五无间罪业；第二点，持诵陀罗尼会使我们远离鬼神，会护持我们修行，为修行之路清除一切魔障。

第三讲 除身心病增长福慧门

十大功德之三：除身心病增长福慧门。

学习此功德门，首先是从整体上来把握功德的主要内容，道大师是从三方面展开：第一、陀罗尼可以去除身体上的疾病；第二、对治心理上的贪嗔痴病；第三、陀罗尼可以增长修行者的福慧，即修行者的智慧福报都会增加。

在"去除身心疾病"上，道大师又把身心疾病分成两个方面，一方面是身体上的疾病，另一方面是心理上的疾病。

我们首先看陀罗尼在去除身病上的功德。《圣六字陀罗尼经》《普贤陀罗尼经》以及《文殊一字心咒》等十五余本经典中记载："持诵陀罗尼之人能去除种种身心病苦。"去除身心病苦不仅仅指自己的身心病苦，也包括可以去除他人的身心病苦。

我们对身体的病苦，不从它的种类来讲述它，而是从产生疾病的原因来进行分类。一种病因就是四大不合产生的疾病，即地水火风四大不合产生的疾病；另一种病因就是鬼神所作的病。这两种病都可以依赖准提神咒不可思议的功德去除掉，能够治愈疾病。

道大师对"由鬼神所作"的病，特意强调了一点：我们持咒的人，我们准提行者，可不可以用准提咒为别人疗病呢？这分两种情况，如果他的病是四大所作的病，你应该具大悲心，广泛的利用准提咒为他人疗疾；如果他的病因是因为鬼神所作的，这时候我们要注意，如果你的修行目的是求自己有大成就，求上品成就，求证悟菩提直接即身成佛，那就不要用真言去疗此疾。而是最好劝说让患者自己来修准提法，持诵准提咒，这样就可以治疗因为鬼神所作障碍产生的疾病了。

对鬼神所作障碍产生的疾病还有一种情况是，具有大悲菩提心的人，可以用准提咒给别人治疗鬼神所作的病，这类人就不属于前一类不用真言加持鬼神给人治病的范围之内了。因为慈悲心就是菩萨心，当你具备慈悲心的时候，你本身就是菩萨。因此只要具备三业清净，具备慈悲心，就可以用真言加持鬼神，而禁诸虫蛇疗他人病了。这是身病分成两类：一类是四大之病，另一类是鬼神之病，注意事项道大师都讲了。

总结这一段，只要修持准提法就可以去除身心的病苦，即使是鬼神所作的病，只要我们自己修行，自己持诵准提真言，鬼神之病也可以完全治愈。至于我们准提行者可不可以给别人治病，道大师也讲得很明白。身体上的病，四大的病完全可以由准提咒等真言治愈。鬼神所作病又分两种情况：一种是求上品成就人，这样的小事就不要去做了，专心修行，你可以劝他来修持准提咒，靠他自身修持咒语、佛力的加持，同样也可以治愈他的各种疾病；另一种是具大悲心的人，可以用真言来加持鬼神，驱逐鬼神，给别人疗疾。

建议大家尽量使用通过让患者自己来修持准提法治病的方法。因为这样才真正的治病，不仅能把四大之病治愈，而且还能把他宿业所感的业力也都消除。无论是鬼神所作病，还是宿业所感的病，以及四大不合所形成的疾病，都有一个彻底治愈的办法，就是让患者本人修准提法，这才是根本之法。不仅能够使他的病能够治愈，而且他的身心慧命也能得到解救。所以，我们提倡尽量劝人修准提法，劝人持诵陀罗尼。

第二方面是陀罗尼去除心病的功德。我们知道，有人贪心比较重，有人嗔心比较重，有人愚痴心比较重，这些也是属于心病。这些心病可以从理论上分析，自己剖析自己，一点点去除。也可以直接持诵陀罗尼，自然而然你的贪嗔痴病就可以去除了。

学佛的很多人都知道阿难与摩登伽女的故事，这个故事是记载在《首楞严经》的最开始的部分：摩登伽女非常喜欢阿难，用巫术使阿难失去理智，进入了摩登伽女的卧室。正当阿难要破戒的时候，释迦牟尼佛就让文殊菩萨持楞严神咒，使阿难从迷幻之中清醒过来，保持了他的戒体。摩登伽女此生并没有修行，但由于神咒的力量马上令她淫心永灭，证得了阿罗汉。这就说明陀罗尼能使淫欲之火消灭，邪恶之心去掉，并且凭神咒之力证得一定的果位。这是陀罗尼在去除心病方面的功德，以及在经典中的记载。

第三方面是陀罗尼在增长福慧方面的一些功德。经典记载："若读若诵陀罗尼者。此诸众生纵其自身不作福业。十方如来所有功德。悉与此人"这句话是持诵陀罗尼增长福报的一个重点，即使修持陀罗尼的人本身并没有做什么福业，因其持咒之功德，十方如来会把功德直接给此人。因此其不可思议也就变得可思议了。你持诵准提咒，相当于佛把自己的福报种子给你了，只要你能够勤劳的浇水，按缘起的方法来为社会做贡献，自然你的福报就会增加，就会显现。这是增长福慧的重要方法，我们需要好好掌握。

第四讲 凡所求事不可思议门

十大功德门之四：凡所求事不可思议门。

修学佛法我们是有所求的，我们希望能够明心见性，希望能够往生极乐世界，希望能够获得成就。在世间法上也是有所求的，我们求长寿、求富贵、求健康、求平安、求家庭的幸福、求事业的成就，这些所求之事都可以因修习准提法，持诵陀罗尼而成就。

古人的需求和我们不太一样。古人追求长生不老，仙中之王，受一切人天的敬爱等等，因此，在经典中对陀罗尼不可思议的功德也进行了分类。在坛法成就之中，分成了上、中、下三品成就。

一、上品成就，获得上品成就可以腾空周游世界，供养诸佛菩萨，寿命可以住寿一劫，获得初地的百法明门。二、中品成就，获得中品成就可为仙中之王，寿命是万万岁。三、下品成就，可以得到一切人天的敬爱，所求如意。这就是上中下三品成就的基本功德。

还有一种上中下三品成就的划分方法。上品成就，可以得到一切咒神的拥护，天龙八部经常来礼敬你，而且一切神咒你使用它都非常灵验。也就是说一咒通百咒通，准提咒你学到一定境界，你应用其它咒一样灵验。中品成就，可以获得随所去处而没有障碍，能够心想事成，所求随心。下品成就，能够得到一切人天的敬爱，甚至一切鬼神的拥护。

上中下三品成就，基本上都是围绕获得佛教的成就，以及获得财福，获得长寿。从这三品成就当中，我们可以看出都是提倡追求富贵、健康和长寿，这些都是世间法，甚至在《准提大教王经》中说修持准提咒到一定成就可以追龙女为妻，降药叉作奴，执罥索入修罗宫，咒死尸令开伏藏，或成于圣药，或说赐于财宝等等，这是显教经典之中看不到的。

若有人就问，佛教的本意是让人断除贪嗔痴，这里所说可达到的愿望，都是让人起贪心，追求世间名利呀，这是不是跟佛的本意相违背的呢？在古代，我想也有人对准提法，对陀罗尼提出这样的疑义。道大师在《心要》中也做了回答，这个回答是非常重要并有意义的，也是我们学习的重点，更是对准提法圆咒思想能不能理解的一个分水岭转折点。

《心要》中曰："答云。诸佛有不思议度生方便。谓有众生不肯直求菩提。且随其所乐。令持咒求之。由神咒不思议力。所求之事。尽得遂心。一切罪业。亦得消灭。自然超凡入圣。如小儿有病。不肯服药。被有智医人。涂在母乳。其小儿本食母乳。不觉服着良药。除却身病。"我们看看世间有几人能够真正直求菩提，放弃世间的名利，放弃家庭，如悬崖撒手般去追求佛法？这样的人并不是很多，大多数人世间的愿望、世间的需求是实实在在存在的。那我们就要面对现实，持准提咒求之。由神咒不思议力，我们所求之事能够满愿，同时我们的罪业还得到消除，自然能够超凡入圣，获得佛法修行的成就。就像我们吃药一样，用糖皮裹着药，我们吃着是甜的，但实际上药在我们的身体里已起作用了，我们的罪业也消除了。陀罗尼与显教是有区别的，显教是让人断除贪嗔痴，陀罗尼是让人在满足贪嗔痴的同时断除贪嗔痴之心的，这是一个区别。

另外一个区别，就是准提法的圆宗思想，这并不是我们一般人想象的"先以欲钩牵，后令入佛智"的方法。"先以欲钩牵，后令入佛智"的方法是二分法，什么叫二分法？先给你一口糖，然后再给你一口药。准提法不是那样，准提法是糖和药合在一起的，你吃了糖的同时药就已经吃了。准提法不是说我满足你世间愿望，让你觉得佛法好，你再来学佛法。而是在满足你世间愿望的同时，也消除了你的贪嗔痴、你的罪业，你就已经成就了。可以说世间法的成就，就是你出世间法的成就，这是圆咒的思想，是一合药的思想，并不是二合药的思想，也不是次第修行的方法。

有人认为陀罗尼常常令人有所希求，让别人的欲望越来越大，贪嗔痴越来越大，这不是害了众生吗？其实诸佛是大慈大悲的，怎么可能害众生呢？有些人的思想属于外道的断见思想，他想离求外别取无求，这是断见的思想。佛教的真正思想应该是有所求，而不见求相，这才是真无求。

一块石头，一块木头，它有需求吗？这石头有需求吗？它没有需求，他没有贪嗔痴，那它成佛了吗？它在修行吗？没有。故《观音钞》云："虽念念求，而无能求所求之相"，这才是真正的无求。诸佛是大慈大悲的，不可能故意损害众生。诸佛之陀罗尼的殊胜，也就是其不思议之处，这样我们就能够理解为什么这个功德叫"凡所求事不可思议门"了。此处凡所求事，就是我们世间出世间的所有愿望，都会因陀罗尼不可思议的力量来满足，来实现。

是否能认识、赞同、应用准提法的圆咒思想，是否能认识、赞同、应用准提咒的一合药思想，这是你修行层次高低、修行理论认识深浅的一个重要的衡量分水岭。

第五讲 利乐有情救脱幽灵门

十大功德门之五：利乐有情救脱幽灵门。

此门功德中，道大师分别从三个方面讲述了持咒人利乐有情救脱幽灵的方法和功德利益。

首先是讲如何利于现世众生，即活着的众生。再是讲如何利于已经过世的众生，即如何利于亡灵。最后讲述修持陀罗尼的人临终的状态。

修持陀罗尼的人是如何利于现世的众生，《大宝楼阁经》《大悲心经》等十五本经典都记载说，若有众生看见持咒人的身体，或听到持咒人的声音，或从持咒人的身影中走过，就可灭尽十恶业和五逆罪，来世还可生到佛国。持咒人所见到的，或身体接触到的所有的有情也会灭除一切罪业，来世生于有佛法的国土。如果持咒人在路上走，有风吹起衣服。这风顺此而去再吹到另一个人身上，那人都会灭掉一切罪业，来世可以生到有佛法的净土。如果持咒人在江河中洗澡，他洗过澡的水如果漂流到众生的身上，或者下大雨时持咒人仰头向空中诵咒，这场雨雨滴所沾到的众生，或者他在山上念咒时放眼看到的所有众生，都会灭掉一切罪业，来世都可以生到佛国中。所以《佛顶颂》说，神通圣化不可思议，陀罗尼门最为第一。这是持咒人如何利于现世的众生。

持咒人是如何利于亡灵的呢？下面我们看经典：《无垢净光经》《不空绢索经》《佛顶尊胜圣经》《随求经》这些经典中都说，若死亡的人生前广造恶业死后堕落在三恶道，真言行者称亡人的名字之后专心诵咒，亡者即时就会离恶趣升到天上去，或者用真言咒土沙或者莲花，撒在亡者的墓上尸体上，亡者即可生到诸佛净土。如果持咒人的影子，印到了亡者的衣物或尸骨上，那同样亡者也能够往生到佛国。所以古人讲，陀罗尼的功德是非常殊胜的，"尘飘影烁。神元天宫。土散水沾。识分恶趣。"

有人会问，亡人已经造恶业了，已经堕入三恶道了，怎么能说真言行者称亡人的名字，或用土沙放置在坟墓上，此亡人就可以从恶道转生享乐呢？其实这一点不仅是世俗的人有怀疑，实际上连出家的人都很难相信。岂不知《华严经》记载，十地菩萨一举足所表示的功德智慧，九地菩萨都不知道，所有的佛的秘密心印，佛之陀罗尼，岂是凡夫的妄想猜测所能知道的？在《观世音菩萨秘密藏神咒经》中说，若是有人受持神咒凡有所求，必得成就，但要深信不得生猜疑心。

上面讲了持咒人是如何利乐没有去世的众生，以及如何利乐已经去世的人，即如何度脱亡灵。下面就开始讲持咒人临终时会怎样。

依照《千手千眼观世音菩萨大悲心陀罗尼经》上说，持诵大悲咒的人不会遭受十五种凶恶的横死，这十五种凶恶的横死大家可以看看；持咒人临终之时，可以获得八种胜利事、四种功德：临命终时得见诸佛，终不堕诸恶趣，不因险厄而死，得生极乐世界。

在这一功德门中可以看到关于准提法超度亡灵的方法，救度三恶道的方法，以及修持准提法的人临终的去向，并都可以找到经典中的依据。

对于修持准提法、持诵准提咒的人，在持咒的当下，可能你不知道自己的功德有多大。实际上遇到你的人，见到你的人，听到你声音的人，他们都会受益。因此持咒的当下，你就具有了很大的功德，持咒本身你就在做对众生有利的事情。修持准提法，持诵准提咒，我们临终会往生极乐世界，也给准提行者的临终一个往生极乐世界的保障。

第六讲 诸佛母教行本源门

十大功德门之六：诸佛母教行本源门。

这一功德门道大师从四个方面进行阐述：第一，讲一切诸佛从陀罗尼生；第二，讲《大乘庄严宝王经》的判教思想；第三，讲龙树等菩萨和古德禅师对持咒的赞颂；第四，讲轻视诽谤陀罗尼法的罪业。

一、"谓一切诸佛。皆从陀罗尼所生。真言是诸佛之母。成佛种子。若无真言。终不能成无上正觉。"真言是所有佛成就之母，若没有真言所有众生是不会修成无上正觉的。观世音菩萨曾发誓度化所有的众生，若自己度生之心退失，发愿自己脑分千裂。而实际上众生确实是太难度了，经过很多劫以后，甚至观世音菩萨都有一念退心。这一念退心一发，原本的愿力就发生作用了，观世音菩萨真的是脑分千裂。这时，从他千万个分裂的脑中阿弥陀佛显现了。阿弥陀佛就是持六字大明咒"唵么捉钵讷铭吽"。之后因陀罗尼的功德，观世音菩萨又合为一体，并且体验到六字大明咒的功德，从此度生无限。

二、佛法修持有四乘：一是声闻乘，二是缘觉乘，三是方广大乘，四是最上金刚乘。最上金刚乘也就是陀罗尼藏，一切教法都是从金刚乘陀罗尼中演变出来的，这就是《大乘庄严宝王经》的判教思想。因为真言中每一个字都含有戒定慧三无漏学的效用，而佛法万行不出于"布施、持戒、忍辱、精进、禅定、般若"，这六度也离不开戒定慧三学。真言即名三藏，真言总持万行，真言即是总行，其余法门即可知道是支流行门了。

三、龙树菩萨是印度禅宗第十四代祖师，被称作八宗之主，专门弘扬准提法门。天台智者大师，他也广示持咒仪轨，我们知道天台宗专门有台密，就是以持咒为主，而且天台宗的焰口仪轨中，大部分也是陀罗尼的咒语为主。

四、如果有人因故对陀罗尼法进行诽谤。下面这个故事就能提醒后人，莫要谤法：

佛在《佛顶无垢光明陀罗尼》中说，从前有名婆罗门宣传密咒，叫无垢长者。还有位长者叫光明长者看到许多人归仰无垢婆罗门，自己的信徒也有些人去依止无垢婆罗门，恐怕自己的利益全被夺取，心中就升起恶心。恶心一起，他便得了很重的皮肤病，癫病，一生中受到了很大的苦恼，一直到临终后堕入到无间地狱中，受苦一劫，之后再堕入畜牲道，又受苦一劫，又生到地狱道受苦一劫，然后才生为人身。生出来时双眼都是瞎的。因为有宿世的因缘，再次遇到无垢婆罗门。这时，无垢婆罗门是僧团的大比丘了，无垢比丘仍在宣传密咒，此时光明长者听闻无垢婆罗门的讲法，反而欢喜奉行，一生中持咒无数，最后靠着神咒不可思议的力量，死后升到天上。这个故事说明谤斥持咒的人，仍旧可以得到利益，但这个利益是回报在了很久很久以后的来世。密咒真言是诸佛的心印，持咒时可以有无量无数的明王及天龙护法护持。诽谤密咒的人今世多长癫病，所以奉劝人们一定要小心和注意自己的言行与念头。

诸佛母教行本源门的重点，是告诉我们：一切诸佛都是从陀罗尼所生，陀罗尼门是最上乘之门。祖师大德如龙树菩萨，很多大师都在宣扬准提法，我们就不要轻易诽谤准提咒、陀罗尼。虽然说诽谤陀罗尼最终也有利益，但这个利益是"但有远益。非无谤罪"。

第七讲 四众易修金刚守护门

十大功德门之七：四众易修金刚守护门。

此门功德中，道大师讲了以下几个方面：第一、修持陀罗尼与其它宗派修持方法的区别；第二、持咒信心；第三、持咒人会获得天龙八部、善神、龙王、金刚护法的护持及散乱心持咒的功德。

第一、修持陀罗尼与余宗的区别。修持陀罗尼的形式比较简单，一切众生包括比丘、比丘尼、优婆塞、优婆夷，只要是能够说话，能够看懂文字，就可以修行。无论你是行住坐卧何种姿态都可以持诵准提咒，都可以持诵陀罗尼。只要是持诵陀罗尼，你就是真修行，对修行的姿态没有任何的要求。只要你持诵陀罗尼就可去除许多烦恼，获得轻安获得法喜。这是在修行形式上的简单易行。

在修行理论上的修学要求也是非常低的，"又但口诵。便是真行。能除烦恼。安乐法身。不假备通教典"。就是你无需读很多教典和理论，不懂教典和理论也没关系，只要一心持咒即是真修行。为什么这样说呢？道大师做了一个比喻，好比病人，他有病了，但吃了一副好药，马上就见效了。他并不一定要把所有的医书都看明白，都学会。总持真言就好比病人吃到好药，可以医疗众生的迷惑百病，服食者便获得安乐，并不一定要真正明白药理和医理。如《佛顶陀罗尼疏》曰："斋戒不禀而自备。果证不远而可得。"这也是准提咒的方便处。

如果你依照其它宗派的修行方法，一定要"广知圣教明悟真心"，然后修行才能算是正确的修行，如果未能通达真心并不是正行。好比一个人有病了，需要自己给自己开出药方，自己给自己治病，那他只有明白药性，才能自己给自己看病，这样的人在万中也难选出几个来。因此，神咒是一种非常好的药方，修行方法很简单，效果功德却非常好。对想获得菩提正果的佛教七众而言，陀罗尼是最好的修行法门。所以唐代的大翻译家义净三藏大师说："升天乘龙。役使百神。利生之道。唯咒是亲。"

第二，持咒信心。当然有人会产生疑问，依照显教修法，必须依教理产生信心，由信心而求理解，依理解才有办法修行，修行久了才能成功。现在却说密宗神咒不必令人信解，只要持诵便可成道，这与常规的思想是相违背的，一般人是很难理解的。道大师是这样回答：

好比世上的人他不必懂得医术，不必懂得药方，只要能够买到神验妙药服之，便可去除身病。世人不解药性，由于服用好药后便治好了病，世上的药方尚有这样的效用，何况密咒是如来不可思议的妙方。

所以，如来的药方不可以以一般的事理来推究，显教、密教是用不同的修行方法来修持的，不必一定要全部理解清楚，只要相信神咒效力，只要相信佛菩萨的慈悲，马上你就可以去用、去试，自然一试便知。若是不生信心，便空无所获。因此，佛在《大悲心经》上也说，除了对咒语升起疑问的人以外，凡是持诵咒者，一切所求都能如愿和圆满。若有生疑和不相信的人，此人在百万劫中，会处于恶道之中，不能听闻到佛法僧三宝的教化。这是对信心问题的讲解。

第三，持咒者在行住坐卧四威仪中，无论持与不持咒，都有无量天龙八部护持，这个功德非常大。甚至，你以散乱心持咒，仍旧有无量无边无数的金刚藏王菩萨和他的种族来护卫你，日夜常随持咒的人，纵然魔王想趁机扰乱修行人也不能得到便利。比较小的一些鬼神，必须远离六百华里以外，如果真的有天魔眷属想来侵扰这个修行者，所有护卫在旁的金刚众就会用金刚杵打破天魔的头，把他打成细如灰尘那样的粉尘。

"八万四千金刚众。行住坐卧每随身"，密部诸经典都有这样的记载。如果我们想详细了解可以自己翻阅经藏，去学习和了解。

第八讲 令凡同佛如来归命门

十大功德门之八：令凡同佛如来归命门。

此门功德主要讲准提宗与其它宗的修行还是有区别的。道大师在《心要》密教开篇中就指出了与其它宗的区别。

"前显教圆宗"，就是前面讲的显教心要，"须要先悟毗卢法界。后依悟修满普贤行海。得离生死。证成十身无碍佛果。如病人得好药方。须要自知分两炮炙法则。合成服之。方能除病身安。今密圆神咒。一切众生。并因位菩萨。虽不解得。但持诵之。便具毗卢法界普贤行海。自然得离生死。成就十身无碍佛果。如病人得合成妙药。虽不知分两和合法则。但服之。自然除病身安"。

显然，准提法并不是分两个步骤来修行的，而是一合药。十大功德门第七门中，也提到这个问题："若依余宗修行。须要广知圣教。明悟真心。然后修行。方是正行。若未悟而修。皆非正行。如世病人。须要广知医书。明闲药性。方得治病者。即万中难得一也。是知神咒。行门省略。功德甚深。普引七众。速至菩提。"在这里可以看到，准提宗与余宗修行的另一个区别，以及准提圆宗的特点是一合药法，不可将其分解成两套修行法和次第法。这种一合法意义比较深广，非是一般人能够理解。正如本功德门所说："譬如灵丹药。点铁成金宝。诵持陀罗尼。变凡作贤圣。"

因为准提咒之功德非常殊胜，陀罗尼的功德不可思议，当你诵持真言的当下，你的身口意三业已经同如来三业了，无需再按次第法来修行。当下的一句陀罗尼，当下的一句准提咒，这种当下的圆满是无需你造作的，无须凭个人的意愿把它强分成空有两部分，即如来之身本具毗卢法界之圆满功德，本自圆满。这句话我们要记下来，神变疏抄云："真言行者。能令三业。即同本尊三业。"

真言行者修持准提法、持诵准提咒的当下就是圆满的，就是完美的。你持诵准提咒的当下，你的三业即同如来三业。甚至当你持诵的咒数达到一定程度，你的身语意三业自然就清净了，所做的善恶之业皆成无漏功德法门。刚才是讲你持咒的当下，你的身语意三业同如来三业，当你修行到一定阶段，即使不是在持诵，你即使是在骂人，天龙八部听着都是梵语声。"《大悲心陀罗尼经》云。诵持陀罗尼者。口中所出言音。若善若恶。一切天龙闻者。皆是清净法音"。

对此功德门有两点认识，准提圆宗无需按次第修行，持咒的当下即同如来；持咒课数满时，身语意三业所做善恶之业，皆变成无漏功德，甚至从你口中所出的话语，无论是善是恶，一切天龙八部闻之皆是清净法音。当准提法修持到一定阶段，你的所作所为，语音若善若恶，所有听到你声音的人，都会得到很大的利益和功德，甚至你的身影映到他们的身体，都会消除他们无始以来五逆十恶的罪业。这就是准提咒的令凡同佛如来归命门。

第九讲 具自他力现成菩提门

十大功德门之九：具自他力现成菩提门。

此门我们要重点学习准提咒所具有的自力和他力的功德，希望我们都能够对准提法信解有更深刻的认知。

《心要》中讲："谓显教中。有自力他力二门。十住论。念佛镜等说。一自力门。谓修六度万行等。名难行道。如人陆地步行千里程则迟到。二他力门。谓念佛等。名易行道。如人水路乘船行千里程则疾到。而今真言中密具自他二力。"

究竟什么是自力门？什么是他力门？他们两者之间的区别和关系又是怎样？我们将详细依据经典逐一论证学习。

最早出现易行道与难行道、自力与他力等概念的经典，是龙树菩萨所著的《十住毗婆沙论》卷五"易行品"中记载：佛法有无量门，如世间道有难行有易行。陆道步行则苦，水道乘船则乐，菩萨道亦如是。或有勤行精进，或有以信方便易行，疾至阿惟越致者。阿惟越致，又命阿鞞跋致，八地不退转菩萨。龙树菩萨从修行方法与成就方面，把一代时教八万四千法门分成两类：一者是难行道，靠自力勤修戒定慧，勤修六度万行，自力破见思惑，破尘沙惑、无明惑，竖出三界，历劫修证，这就是难行道；二者是易行道，是依仗佛力，靠佛的力量，信佛愿力乘佛愿力，便得往生佛国。佛力加持，即入大乘正定之聚，以致进入不退转。这是最早在经典中龙树菩萨所开示的易行道和难行道。

因此，从修行方法上概括而言，自力是指你依靠自己的能力来修戒定慧，修六度万行，断惑证真，破除所有的障碍和业力。他力是依靠佛的加持力，靠念佛的加持力成就。

再从自力修行成就所需时间的长短来讲，据相关经典记载，如果是修大乘，按照自力修行的方法，从最初的发心要经一大阿僧祇劫才能到初地，又经过另一个大阿僧祇劫修道，才能到八地，靠自力修行到八地需要两大阿僧祇劫的时间。如果是修小乘，按照自力的修法，已证初果的人需要七升天上，七回人间，方证阿罗汉果，期间包括了十四次生命的轮回。小乘证初果的人尚需要七升天上，七到人间，之后才能证阿罗汉果，像我们还没有证初果的人，很难保证不沉沦下去，很难保证你不会堕恶道，基本保证不了。所以只依靠自力断惑证真比较难。

在过去对于易行道与难行道，常常有这样的一种比喻：自力修道的人，相当于一个穷人到另一个穷人家里去给他打工，虽然你干的活多，但可能挣得钱少。同样的道理，如果你是自力修行就相当于用力虽多，功德却极少，就好像在穷人家打工一样。那依他力修道的人呢？就好像你到王宫去干活打工一样，挣到的钱就会多一些。

对自力修行批判最多的是净土宗，净教认为禅宗皆仗自力了脱生死，所以修行所需的时间很长，即便这样也不一定能够出离生死。而念佛法门全仗佛力，又兼备自力。因此，了脱生死只要这一生就可以了，就可以不会退转了。自力修行需要深明教理，依教修行，修行功深才能够断惑证真，方出生死。除了断惑证真以外，还要直待惑业净尽，方能出离生死，这需要的时间和付出的辛苦就很多。念佛法门不需要明教理，也不需要你断惑业，只要能够信、愿、持名求生净土，临终之时就能够往生极乐世界。到西方极乐世界就能够见闻佛法，悟无生忍，即此一生定补佛位。这是净土宗对自力修行的一些认识。

过去对易行道的解释不是很全面，净土宗对易行道的解释往往只重视佛力加持众生往生极乐世界方面。实际上，他力有两种含义：一种含义是佛力加持我们当下的成就；另一种含义是指靠念佛的力量使我们能够往生佛国。更深一层就是我们往生佛国之后，靠佛的力量直接进入不退转的八地，这是易行道即他力所具有的两种含义。

在其他显宗经典中也有他力的概念及应用。他力不仅能让我们往生极乐世界，在佛国不退转；我们现世、入世的成就也能够靠他力所获得。比如，地藏法门中就有他力的思想，在《地藏菩萨本愿经》卷下"见闻利益品中"有这样的记载："复次观世音菩萨。若未来世，善男子善女人，于大乘经典，深生珍重。发不思议心，欲读欲诵。纵遇明师，教视令熟。旋得旋忘，动经年月，不能读诵。是善男子等，有宿业障，未得消除。故于大乘经典，无读诵性。如是之人，闻地藏菩萨名，见地藏菩萨像。具以本心，恭敬陈白。更以香华，衣服饮食，一切玩具，供养菩萨。以净水一盏，经一日一夜，安菩萨前。然后合掌请服，回首向南，临入口时，至心郑重。服水既毕，慎五辛酒肉，邪淫妄语，及诸杀害。一七日，或三七日。是善男子善女人，于睡梦中。具见地藏菩萨，现无边身，于是人处，授灌顶水。其人梦觉，即获聪明。应是经典，一历耳根，即当永记，更不忘失一句一偈。"

这段经文的意思是这样，有些人觉得大乘经典非常殊胜，但是旋记旋忘，记不住。怎么办？释迦牟尼佛开示，如果你听到地藏菩萨的名号或者见到地藏菩萨的像，发起这种恭敬心，以鲜花、衣服、饮食等你所具供具来供养菩萨。用一杯净水供在菩萨前。供菩萨前一日一夜。然后合掌请服，回首向南。喝这杯水时，要心中非常郑重。服完水之后要忌五辛酒肉、闲言妄语等，诸杀业都不要造。然后一日至七日或者三七日，能在梦中见到地藏王菩萨，给你来灌顶。这个人醒来之后马上就聪明了，不管是什么经典，一入耳根，当下就记住了，不会忘失了。在"见闻利益品"里，告诉我们的实际就是靠佛力加持可以获得现世过目不忘的能力。

我们现在对自力他力从经典理论中应该有了一种清晰的认识。但是不是自力越大他力也就越大呢？不是，佛的愿力不是随我们凡夫的自力大小而决定的。我们只要与佛意相应，就会感受到他的加持。实际上佛对每一个众生都是平等的，都是一样的悲心悲愿，他的愿力是不可思议的。如果你的感应和加持力小，根本原因是你对佛菩萨的信心有问题，是你懈怠的问题，你没有拿出信心和时间来与佛菩萨相应。

为什么我们现在提倡更要重视他力的修行呢？主要是环境因素造成的。佛经上讲，现在的世间叫五浊恶世，即劫浊、见浊、烦恼浊、众生浊和命浊。历史发展到今天，末法的"末"的含义究竟在哪里？我们觉得就是修行环境的问题，修行人根基的问题。正法时代修行人少，成就者多。像法时代修行者多，成就者少。末法时代是修行者少，成就者也少。其中一个重要的原因就是共业缠缚。

我们知道准提菩萨很慈悲，看到末法众生的障碍重，其中一个障碍就是共业障。比如感冒这件事，现在感冒都是流行性感冒，一感冒一批人。又如佛也曾示现头痛三天，因为佛陀在成佛前的过去世，在一个村庄里，整个村庄所有人都去捕一条大鱼，当时释迦牟尼佛是村里的一名小孩，他也拿木棍敲了大鱼的头三下，当这条大鱼转生为琉璃王灭释迦族的时候，佛挡了三次也没有挡住，最后他的国家还是被灭了。在我们这个时代，共业现象更加明显，如禽流感、海啸等等，显而易见这都属于共业问题，共业是很难转的。对每个人来讲也存在共业问题，比如做一件好事时也可能产生许多不好的事。反之，做一件坏事时也可能同时做了一些善事。又如种粮食需要杀虫，但不让农民打农药庄稼又可能长不好。开车的时候也可能会撞死很多的虫子等等。这些显现就是共业问题。

佛法刚传到中国时，出家人只是乞食，因为乞食才能做到真正的不杀生，但现在也不能实行了。因此随着社会的发展，做到乞食不杀生这样的修法难度也增大了，增大的原因除了个业的造作外，就是共业的缠缚。因而，只靠自力解决是非常难的，唯有借助诸佛菩萨的力量才能拯救我们，当然他力也是靠自力来的。

再有，对他力的重视也存在一个应对根基的问题。有人认为，儜弱怯劣无有大心之人才靠他力，非是丈夫志士之言也。我们是不是丈夫？我们是不是怯弱的众生？理性看看，我们现在的末法众生有几个是真正的大丈夫，即便有，也不是全部，我们也没有能力让所有的人都先成为大丈夫再学佛。非丈夫者也要拯救的。这类众生就要用他力的方法。而且，我们常常看到真正成就的往往都是非丈夫者。因为这样根器的人才能够老实念佛老实持咒，也没有自力他力的这种分别论。

因此，我们要承认自己是非丈夫者，我们根本也是非丈夫者。半吊子的人，一瓶不满半瓶咣当的人，上不能明了法性下不能老实修行，说得多但实修少，戏论纷然。"凡夫不能见道不见佛性，纵有修行全属盲修瞎练，全体业力何有断惑证真之自力"，这是对我们末法众生的一个定义，根本就不是大丈夫，不是大丈夫我们就要靠佛的力量来修行。

下面讲真言中密具自他二力。如《大乘庄严宝王经》所说，"真言行者。日日得具六波罗蜜圆满功德"，也就是，你持咒的当下就具备了六度的功德。何谓六度功德？只要你持咒的当下，那句咒语所在你身心产生的功德，相当于你在修持布施，你在持戒，你在忍辱，你在精进，你在禅定。又《佛顶颂》云："不持斋者名持斋。不持戒者名持戒。僧破二百五十戒。比丘尼犯八波罗。闻念佛顶陀罗尼。便得具足声闻戒。"就是说，即使破了戒的人，如果持诵陀罗尼，都已经具备持戒的功德了，何况未破戒之人。"今不行而备。盖神咒之力。具足万行"。这是说持陀罗尼修准提法自然具足了自力，因为你持咒就相当于在行六波罗蜜，就相当于六度万行了。

同时，真言又具足他力之功德。因为你持咒就是在念佛，真言中每一字皆是佛的全身。我们念的准提咒仪轨的最后一个咒——"嗡部林"，在《末法中一字心咒经》中曰："吾灭度之后。变身作此咒等。"这个咒本身就是佛，真言中的每一个字皆是佛，念真言即是念佛，即是具足了他力。"又诸经说。真言行者。现世能成无上菩提"，"诸佛本誓力，现成诸圣事"，这里讲的是佛的力量，是佛的愿力，加持你就能够得到成就。

这里特别讲述一下，准提法门自力他力的功德与净土法门有什么区别。我们看净土法门对他力的应用，主要是靠念佛来获得临终的往生成就，临终之后往生到极乐世界，在极乐世界直接不退转，进入到八地菩萨。准提法除了具有往生佛国净土和成就不退转这两种功德以外，还具有靠佛的力量加持我们现世成就、世间法成就的功德。

两者的区别非常明确，净土法门求佛加持我们的重点是放在临终之时。而修准提法，我们不仅临终要依靠佛力，我们现世命运、事业，也要靠佛力来改变，从而把他力的思想更加扩大了，把佛力的加持渗透到我们生活中的出世、入世中，我们所有的方方面面都靠佛的加持力。净土法门往往只把临终交给佛，现世没有交给佛，现世还靠自己，以持戒等六波罗蜜的功德来修行。准提法则是把现世生活也靠佛力加持，这就是准提法他力思想和净土法他力思想非常重要的区别。

此门讲解中，主要讲自力他力的核心理念；准提他力和净土他力的区别；准提咒如何具足自力与他力；准提咒与念佛的关系等。希望我们能对准提咒具有的自力他力的功德有一个清晰的、深层的认识。

第十讲 诸佛如来尚乃求学门

十大功德门之十：诸佛如来尚乃求学门。

如《大乘庄严宝王经》说："诸佛亦求神咒。何况凡夫。而不持诵耶。故彼经说观音菩萨一毛孔中。有无量国土无量诸佛菩萨等。普贤菩萨入观音一毛孔中。经十二年不知分齐。"分齐就是边际，没有走到头。"又云。观音有六字大明陀罗尼。一切如来皆不知其所得之处。因位菩萨云何得知。乃至说莲华上佛成佛竟。方经历诸佛求此六字大明等。"

佛陀在舍卫城讲法时，讲述了很多观世音菩萨胜过佛陀威力和功德的事迹。其中有一次，讲普贤菩萨去观察观世音菩萨一个毛孔的距离，十二年都没有找到边际，观世音菩萨每个毛孔中都遍含无量的国土和佛国。除盖障菩萨就问释迦牟尼佛，为什么观世音菩萨有如此大的不可思议的功德呢？佛陀说因为他有微妙本心，他的微妙本心就是六字大明咒"唵 么 抳 钵 讷铭(二合) 吽"。除盖障菩萨赞叹观世音菩萨的功德真是不可思议，六字大明咒的功德也是不可思议。于是说，我一定要学到这个咒语，我也愿析骨为笔，刺血为墨，以此布施的功德求得观世音菩萨的心咒。佛陀跟他讲，自己在求六字大明咒的过程中也费了很多周折。佛陀在过去世时经历了如微尘般多的世界，诚心供养了很多如来，但也没有学到六字大明咒。后来遇到宝上如来，宝上如来也没有给释迦牟尼佛（当然释迦牟尼佛当时还是菩萨)传授六字大明咒,而是把释迦牟尼佛介绍到莲上如来那里去。莲上如来的六字大明咒是从阿弥陀佛那里求来的。当时是阿弥陀佛加持观世音菩萨传给了莲上如来，释迦牟尼佛是从莲上如来那里学到六字大明咒的。除盖障菩萨就请求佛陀传授给他六字大明咒，佛陀没有直接传授，而是说在某个地方观世音菩萨化身为某个居士，表面上看来特别脏，也有妻子也有孩子，但不要对这样的人产生一丝邪见，一定要以恭敬心诚敬心清净心求法，他就会传授给你。除盖障菩萨于是带着他的眷属拜见了那位化身居士的观世音菩萨，终于求得了观音心咒。

有人就会问，佛具一切智，什么都知道，为什么说不知陀罗尼呢？

道大师在《心要》中作了三方面回答：第一，是用这个方式来表达陀罗尼法门的最胜最深之处，让人生起尊敬心，所以才说佛所不知；第二，权教中的佛不知道圆宗的密咒，也就是说小乘的极果，并不能知大乘的深法，报身佛在功德上还是有区别的。小乘的极果，比如说阿罗汉果，他不知菩萨和佛的境界，也存在一个需要继续求学的问题；第三，密宗神咒，即体便是圆圆果海，他就是果，他本身就是佛的法身。而且，不仅是佛的法身，还是华严境界的圆圆果海，故佛不得。如《释大乘论》说，"圆圆果海。佛亦不得。今六字大明。准提神咒。即体便是圆圆果海也"。

有人还要问，当然这也是道大师按逻辑关系作的自问自答，问，"何以圆圆果海。诸佛不得"，答曰："谓圆圆果海。是本性成就之法。表非是诸佛修因断障所得故"，这个圆圆果海是超出了因果之外的成就，所以说言诸佛不得而自求之，据实而论是诸佛皆得知的。

这是重点提示，密咒是超出因果之法的，是圆满的圆圆果海的。他是不二的。有佛就有菩萨有众生，就有分别了，就不是不二的，不是圆圆果海了，而密咒是代表圆圆果海的。

又问六字大明、准提神咒即是圆圆果海即是十佛境界，为什么我们这些凡夫能够持诵到呢？"答云。今密教中说。以真言不思议力。令凡夫三业。同如来三业。而得持诵"。因为当你持咒的时候，你的三业当下就转成如来的三业，因此你才有这样的功德，你才能获得这样的圆圆果海。"又密宗神咒。若据所知所解。即唯是诸佛境界。今因位凡夫。虽非知解。但当持诵。自然灭障成德。超凡入圣也"。我们要更加的对准提咒有所认识，认识到什么呢？虽然我们是因位的凡夫，虽然我们也不太明白这些持咒的功德，也不明白陀罗尼的功德到底为什么这样大，我们其实也真是很难知道，连普贤菩萨都不知道，我们又怎么能完全了解陀罗尼的功德？不过没有关系，只要我们持诵，只要我们能如法持诵，自然能灭除罪障，成就超凡入圣的功德。

一、诸佛如来尚乃求学门，有哪几层意义；二、为什么圆圆果海诸佛不得？以上我们详细回答了这两个问题。

十大功德门至此全部讲完，这十大功德，我觉得是持咒人修行到一定阶段应该有所了解的，了解之后可以增加我们对准提咒的信心，当我们信心增加时，持咒效果也会随之增加。当我们对准提宗、准提法的圆融特点理解得更深入的时候，就更能坚定我们持咒的决心，两者是相辅相成的，当我们的信心、诚心更加坚固的时候，我们的功德就会更加广大。

道大师在《心要》中分十门来赞叹陀罗尼的功德，实际上对十门的赞叹就是赞颂准提咒的功德。道大师广引诸经论中对陀罗尼的功德来赞叹准提咒的功德，即诵准提咒就是在诵一切咒，修准提法就是在修一切法，一切法的功德即是准提法之功德，一切陀罗尼之殊胜即是准提咒之殊胜。准提咒包含了佛部、莲花部、金刚部以及天龙等二十五部密咒的功德，因此介绍这二十五部密咒的功德，也就相当于在介绍准提咒的功德。修行准提法也相当于修行了五五二十五部的法了。一法修通则百法皆通。

在我们这个时代，因为众生的智力有限，时间有限，缺乏决心，所以需要以比较精要圆融的方式来修行佛法。准提咒这个修法，正符合精要的需求。准提咒非常容易念诵，重要的是它浓缩了所有佛教经典的要义。如果你把准提咒作为主要的修持方法，天人甚至鬼神都会善待你护持你，你也将得到长寿，无灾难，增福延寿等这些很好的吉相。

　　准提心咒包含了诸佛无尽的加持和慈悲，就像百川汇于一处，你在一处就可以得到百川之水了。准提咒可以说是诸佛菩萨的总集。如果说我们接受了七七俱胝佛的加持，实际上就是接受了无量诸佛的加持。如果了悟了准提菩萨的本心，实际上就是了悟了诸佛的本心。

　　修持准提法可以成佛，因此准提菩萨又被称作准提佛母。因准提菩萨有大愿，他发愿特别利益娑婆世界的众生。此时我们修行准提法，我们的智慧，我们的悲心，我们的力量都会得到准提菩萨的加持。

　　准提咒的咒音可以说是诸佛菩萨智慧声音的集合显现，只要修持准提咒，念诵准提咒，就相当于修了佛法的八万四千法门，因为准提陀罗尼容摄了佛所教授的八万四千法门的精义。准提菩萨的悲心加持遍洒娑婆世界，五浊恶世。但幸福的作物不会生长在没有信心的土地上，在没有信心和水的土地上种子会枯萎，不会发芽。如果你对准提菩萨缺乏信心，就相当于在准提菩萨的阳光照耀下自我封闭，把自己关在暗室里，还称外面没有太阳。如果你有信心，准提菩萨和你之间就没有任何距离，也没有任何阻挡了，你就融入在准提菩萨的光明之中了。佛菩萨都有无数种形象，无数种功德，你要相信他们全都容摄在准提菩萨一身之中了。同样，所有的圣德、一切陀罗尼的殊胜即是准提咒的殊胜，都是准提咒的共鸣，都是准提咒的演化，这样我们的修行和持诵就会更为圆满。

希望大家对准提法准提咒的信心能够与日俱增。也祝愿大家所求事成，在世间、出世间法上都有所成就，来光显我们的准提宗。

佛母应该满足我们所有的欲望和乞求吗？

在物质生活上，每一个城市中的青年人或许都曾有过拥有一份好的工作、有钱炒股、周游世界、帮助别人、最好还有许多异性追求自己的梦想。而学习准提法可以让我们精神饱满、内心常常充满喜悦！时刻感到与佛母同在，做任何事都得到菩萨的加持，使得梦想成真。

如果换个角度来看待自己，也许就会看得更清楚！

人通常在自己渴望得到某些事物的时候，才可能真正意识到该事物的美好和重要；而当真正得到以后，渐渐地，却不再意识到它的美好和重要了！往往觉得已经得到了的太乏味，于是又想要得到更多更好的……

这就是我们人性中最奇怪且强大的力量——"欲望"，永远不知足的欲望！

因为我们有虔诚的信仰，所以可以把所有的"欲望"的实现，都视为准提佛母对自己的恩惠和示现！从而把这种欲望净观。但是须知这个欲望转化的前提——欲望实现动机，是为了给家人快乐、荣耀佛教、荣耀佛母、贡献社会，而不单单为自己享受。

要知道，我们不应要求佛母满足我们所有的欲望。由于我们总有无止无尽的欲望，每过一段时间，还会对已得到的事物感到不满，再萌生新的欲望，再向佛母乞求。如此周而复始，那学佛的意义到底是什么？难道你与佛母的关系，就是这样一种简单的"供求关系"吗？这就是你的追求吗？我们学佛就是为了这些吗？示现荣耀是展示给别人看的，我们不要忘记学佛的本质，而走向另一个极端。

　　我们今世活着到底是为了什么？每个人生命的意义到底何在？我们世代重复着"生、老、病、死"的过程，解脱无期，除非往生极乐世界。对往生极乐世界之前到底要干些什么事情才最有意义，我们一定要好好考虑考虑。如果弄懂了这些问题，原来的问题也就迎刃而解了！

　　如果我们单纯地这样认为"佛母应该满足我们所有的欲望和乞求"，那可就太狭隘了！！

　　我们活着是为了成就无上正等正觉。真理是复杂的体系，我们要想理解她，接近她，那就要具有足够的智慧！我们需要提高的地方实在太多了！而佛母具有所有的智慧，她会用充满智慧的方法和示现来回应我们所有的欲望和请求。这种我们暂时不能及的智慧包括这样一个内容：在满足我们某些愿望的同时，不满足我们另外一些不合理且非份的欲求。我们要相信佛母的安排，既是慈悲的，更是智慧的，可有时我们凡夫未必能全面接受。因此，在失望、失败、失落的同时，仍然可以感受到她的力量、关怀和安排。

　　做任何事情都需要一个过程。而我们在人生的道路上前行，更是一个复杂、曲折、危险、迷离、艰难漫长的过程！我们应当戒骄戒躁、平心静气，一点一点提高我们自身的修为，理智地获取知识！顺其自然地完善和深化我们的信仰，用我们的智慧和奉献来荣耀佛教，回报佛母。

　　让我们感恩佛母的教诲，牢记准提理念——计划是最聪慧的理智；谨慎是最坚固的防御；美德是最高尚的门面；愚昧是最卑贱的贫穷；智慧是最宝贵的财富；骄傲是最令人难受的孤独。

　　谨以此文，与艰难跋涉过程中的所有城市青年佛教徒共勉！

高七师
2009.9.23于北京朝阳

附录五：

经典中的准提手印研究

　　房山石经的出土对准提法的研究来讲，意义很重大，这说明了《显密圆通成佛心要集》（以下简称《心要集》）的主要依据经典即是石刻版的善无畏译本《七俱胝佛母心大准提陀罗尼真言独部别行》，特别是其中的准提手印部分证明了《显密圆通成佛心要集》中记载的手印部分的准确性。

有人问：有一种准提印结印的图片资料上，双手无名指小指是放在双手虎口附近的，在您的结印视频中，双手无名指、小指又是放在双手掌根附近的，那么双手无名指、小指到底放在哪里是对的？按图片资料上双手无名指小指是放在双手虎口附近是不是错的？

　　没有经典依据的手印（下图）

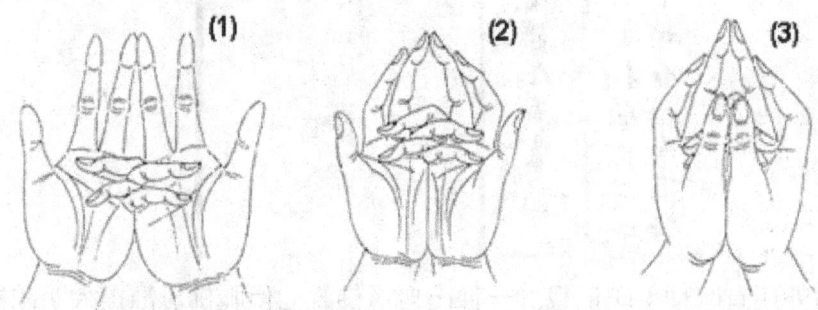

　　正确的手印（《心要集》和经典中）如下图

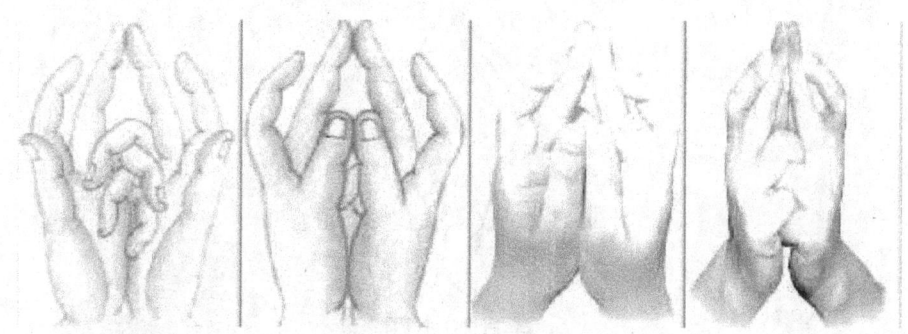

《心要集》中的手印：

　　"《顯密圓通成佛心要集》卷上"准提印法："以二手無名指并小指相叉於內。二中指直豎。相拄二頭指屈附二中指第一節。二大拇指捻右手無名指中節。"

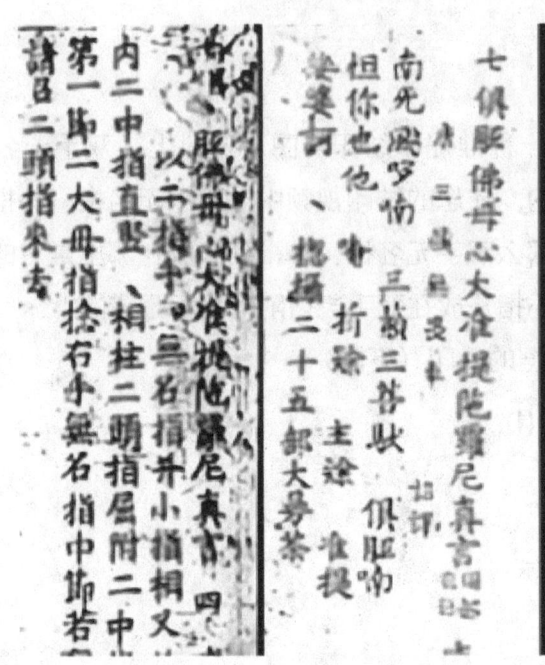

另外还有两种手印记载，一种出自《佛說七俱胝佛母准提大明陀羅尼經》唐天竺三藏金剛智譯。

手印如上图

"以二手小指二無名指。相叉入掌。二中指直竪頭相著。二頭指頭附二中指上節側。二大指各附二頭指側即成。"

准提佛母根本身契第四

其契相先以二手小指二無名指相叉入掌

二中指直竪頭相著二頭指頭附二中指上

節側二大指各附二頭指側即成妙言誦根

本陀羅尼 誦七遍以契頂上解散以下諸契結成掸讀印于亦並須頂上散之

二、《七俱胝佛母所說准提陀羅尼經》（大興善寺三藏沙門不空奉詔譯）中的根本印和關伽印：

"應結契印。佛部三摩耶印二手虛心合掌。開二頭指屈。輔二中指甲下第一節側。二大指各附二頭指根下即成。"

"次結閼伽印：二手內相叉。豎二中指頭相著。以二頭指捻二中指背。二大指側附二頭指根下。即成根本印。准前根本印。微屈二大指入掌。即成閼伽印。誦真言三遍。"

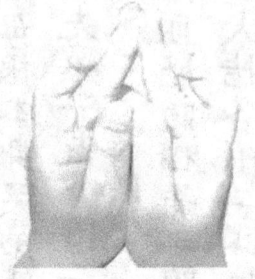

注意，這里的閼伽印就是准提念诵印，与房山石经版和《心要集》恰好相同。

房山石经："總攝二十五部大曼荼羅尼印。以二手無名指小指。相叉於內。二中指直豎相拄。二頭指屈。附二中指第一節。二母指捻右手無名指中節。"按照道大师处理此种情况的办法，就是依照自己看到的典籍为标准，我们是宗归《心要集》的道大师之流，就依《心要集》为标准，其他经典的记载也认同，不是经典的记载不认同。

我又查询了房山石经影版的原版，其中的《七佛俱胝佛母心大準提陀羅尼法》（唐善無畏奉 詔譯）獨部別行，其中记载："總攝二十五部大曼荼羅尼印。以二手無名指小指。相叉於內。二中指直豎相拄。二頭指屈。附二中指第一節。二母指捻右手無名指中節。"

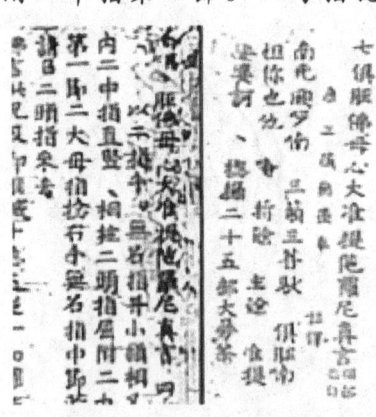

上图中这一段中是"二母指捻右手無名指中節"并不是"左右手"，我想《心要集》采取的就是这个版本。但是，前一阶段看到有些网络上有关房山石经的翻译《七佛俱胝佛母心大準提陀羅尼法》时，都印错变成了左右手，凭空多了一个"左"，我认为应该给予纠正，因为其与石经不符合，在任何早期的大藏经中没有这样的刻板记载。如果一定要加上左右手也应该加以说明，是对房山石经的更改，或是其它版本。希望其他正在倡印房山石经准提经典或《心要集》的师兄们也能注意这个问题。

按照印错的印刷版的手印，往往为了让大拇指放在左右无名指的中节，就只能把无名指伸直而放不到手中间了，不容易做到虚心合掌，往往是两个手心倾向于朝向身体。

应县辽代木塔的发现，让我对碛砂藏非常感兴趣，但残缺的太多了，碰巧得知，胡适在美国的图书馆发现了碛砂藏的只有目录内容失落的内容，他发现辽元时期的碛砂藏本和永乐北藏本的《心要集》，并影印发表。其中两本大藏经中的《显密圆通成佛心要集》中记载的准提手印与房山石经相同。这个刻经版说明，现在上海佛学书籍出版的《心要集》版本是正确的，而其他的中国台湾版本《心要集》的准确性则有待商榷。

　　近年为了这些问题，我还专门查阅考证了俄罗斯提供给中国的佛教文献，其中辽代部分《俄藏黑水城文献》记载，辽元时代的《密咒圆音》中的资料记载等等，也印证了大藏经中的《心要集》的严谨性，在准提手印和准提咒的发音方面又给予了最好的佐证。

　　因此，我们作为准提法的修行者，特别是按照《显密圆通成佛心要集》体系来修准提法的修行者，要依据《心要集》和准提经典，让自己的准提手印更加规范和准确。

高七师于北京

2014.11

附录六：

高七师"大声喊诵准提咒"修行方法

准提法网络佛学院创始人高七师，作为准提法修行成就者，为教化更多有缘领悟、受益于佛陀的教法，几十年如一日的修学与钻研。经过多年对佛教诸多经典理论的参学研究，结合自身多年的实修实证经验，一门深入精研准提法，弘扬准提法。以出世入世圆融的准提法接引救度无数有缘改变命运，使广大行者通过修学准提法，或增福集智、或祛病延年、或善缘积聚于一合药中，教化一切有缘在世间善愿成就之时，出世功德亦获圆满，自然超凡入圣。

为扩大受益人群，高七师依据《显密圆通成佛心要集》中，道大师所开示持诵准提神咒，有五种持诵方法，其中之一为："高声持：令他人闻之灭罪"，并结合自己的修行体验，率先提出"大声喊诵准提咒"这一修持方法。现已有数千名准提行者和有缘通过此法而受益。

高七师将繁复神秘之法的外衣揭去，展现大道至简之理，使之成为简便易修的工具方法。不论你是否信仰佛法，只要依此修行，即获大益。

今公布给各界有缘，望惜之、善用。

大声喊诵准提咒的时间：

早晨最好，其他时间亦可；

每天大声喊诵21分钟，坚持不断。（根据自身情况开始喊诵时间可短些，但一次不能少于10分钟，喊诵一段时间后可增加到21分钟）

大声喊诵准提咒的准则：

A 大声喊诵准提咒时，声音与身体需要全部打开、开放！

B 上身保持端直，身体处于开放状态，或站或坐皆可。（初期以站姿最好，气血通畅，不要压抑身体任何部位。喊诵一段时间之后，随意坐或散盘亦可）；

C 大声的把准提咒喊诵出来。（喊诵准提全咒或咒心皆可）；

D 大声喊诵准提咒时，声音要用腹部的力量；

E 大声喊诵准提咒时，声音尽量向后靠，多用腹部的力量，感受所喊出的声音是由气推动的，不仅是喉部和舌头的运动，避免只用嗓子喊。用腹部的力量往远处喊。切记是往远处喊，而不是往高处喊；

F 大声喊诵准提咒时，音量以50米以外的人可以听清为准。想像对面前方50米外有人（或准提佛母），能够清晰地听到喊诵的每个咒音。

注意事项：

1、不必结手印观想等。

2、大声喊诵准提咒的节奏，参考共修老师领诵的节奏，掌握不好节奏也可直接大声喊。

3、大声喊诵准提咒时，喉咙喊哑、排痰、排气等身体反应现象都是正常的。

4、喊诵初期如无法使用腹部力量，可多体会"吽"字发音进行练习。

5、喊诵准提咒初期，喊完后会出汗，要防寒防风。

6、大声喊诵准提咒之修法，须有学院老师指导方可念诵。

大声喊咒的适宜场所：

比如：到户外河边、山上、田间；或公园的湖心亭；或自家车里等等，其他空气适宜、不干扰影响他人之地，均可选择。

大声喊咒的适宜人群：

各年龄段人群均可练习。

此法功效甚奇，利益无边，现介绍一二：

一、修身调心，健康、长寿

坚持喊诵准提咒，可以减轻身体的很多疾病，甚至痊愈，咒音可以按摩血管，将前一夜身体的浊气排出，加强与外界新鲜气体的交换，更有利于修身调心，健康、长寿。

大声喊诵时，五轮都是震动的，身体的气脉明点能自然震通。其功德不仅得佛菩萨加持，亦可快速转变自身气质，转化色身。站着修，气脉通畅，有利于形成五轮念诵，让声波从上到下，从下到上自由的流动，修行功力可以达到意气合一的效果——意在哪里，气到哪里。这是一种修行程度的外显，有时，我们看一个人念咒，听他的声音我们就知道他修行的程度。

二、转化习气，身心愉悦，疾病不生

高七师关于人体的疾病，有专题讲座，根据课程内容，我们了解到很多疾病的产生都是自身习气作用到身体的表现。大声喊诵准提咒，正是转化习气的好方法之一。每天最好保持21分钟大声念咒，能使身心愉悦，提高做事效率，自然会处理好各种人际关系。类似平时感冒发烧的症状，喊诵准提咒21分钟，身体自然恢复到修行的那个状态。这是一个简单的方法，只需要坚持便一定会有效果。

三、功到自然成

高七师为将此法教授得更加透彻，在《准提法开示集》一书中讲道："对于初学者来讲，比喻修法念诵的身体就像是一根有各个出口的水管，时间长了，我们这管子生锈了，怎么给它打通呢？用大量的水一挤、一冲，就冲通了。疏通了，冲通了之后，我们的把握能力提高了，我们想开哪个、关哪个出口的水，就随我们便了。但是在我们还没通的时候，我们总是一点点小水流（小声的念），一点点力量，那只能是通的还是通，不通的永远不通。新人修行时，我们对身体的把握还不自如，还不知道哪儿通哪儿不通，干脆就把水流加大，一下子都给它冲通了。冲通了，能把握它了，我们对水流的把握，对气的把握自如了，我们想到哪儿都可以，就可以达到五轮念诵了。"

四、自利——即自身听闻

《显密圆通成佛心要集》中讲："若上根持。谓须得三密相应。一身密结印。二语密诵咒。三意密或想真言梵字。或缘持诵之声。"

缘声持，摄受心神，心专一事，达到意密功德，从这方面来讲，我们持咒是念给自己听的——以高七师"三身判教思想"来理解诠释，准提行者是我的化身，化身在念咒的同时，我们的报身也会跟随产生变化，进而世间福报缘起也都将发生改变。

而在高七师所著《准提真言的三密关系》一文中，又做了如下开示："准提法的重点，在于单提一门，就是真言门，即真言一密代表三密之意。准提法网络佛学院要求准提法的修行者要以念诵准提咒作为准提法修行的核心，并且要求出声念诵准提咒，这其中的实际意义甚为深远。我们通过详细分析三业的功德，即是口业包含三业，身业包含二业，意业包含一业。出声念诵真言咒语，功德圆满无缺。"

五、利他——广度众生

持诵密咒功德深广，在"准提咒十大功德门"中"第五利乐有情救脱幽灵门"中，"皆说若有众生，得见持咒人身者。或闻语音者。或影中过者。尽灭十恶五逆之罪。来世生诸佛国。"可见，我们持咒不仅自身得大利益，同时也能够利益无边有情。

六、持咒即持诸佛心——自利利他不二

准提法是果乘法，当下每一句咒的功德都是圆满的，佛菩萨的加持都是无量无边的。我们日日持诵，是为了让自身与佛菩萨更相应，把自身变成一个无以计量的法器，圆融无碍地接受佛果。

准提法网络佛学院的准提行者们日日修学的《显密双修准提法观诵集》中，有憨山大师所著的准提菩萨赞：

我闻诸佛出生处　本从微妙秘密印
密印即是诸佛心　散入众生妄想梦
梦想若破诸佛现　犹如寒空见日光
若破众生烦恼云　现仗如来密咒力
持咒即持诸佛心　我心原是秘密咒

三缘会合本不二，是故一念悉具足

但能日用常现前，如子得母不舍离

佛心既入持咒心，不用求佛自解脱

如果站在"持咒即持诸佛心"的角度，佛的境界与智慧，是超越了时间等世间概念的束缚的，我们在念诵时的心与意，乃至功德，也如同佛一般，一念悉具足。真言行者持咒当下，三元会合本不二，已合佛心于当下，持咒当下早已圆满。

大声喊诵准提咒之功德利益甚大，无法描述其万一。如今，随着学院的修行体系日益深化，修行规范更加落地，并契合有缘的实际情况。在具体应用实践中，因个人身体状况等诸多因素，体会亦有所不同。唯愿有幸得遇之人，亲自践行，收获身心安乐、康健自在、幸福美满的人生，并发心弘扬，广利他人。

附录七：

《显密双修准提法观诵集》的念诵方法和相关事项
——高七师2019年在福建北山寺开示

《显密双修准提法观诵集》（以下简称《观诵集》），主要是按照《显密圆通成佛心要集》（以下简称《心要集》）的核心内容来组织的念诵内容的修行方法。

初学最好是跟随《观诵集》的录音和视频来念诵，熟练之后再根据自己的念诵速度，独立念诵或者跟随学院的录音或视频念诵都可以。

观诵集分四大部分：

一、礼赞和皈依部分

二、显宗普贤行部分

三、密宗真言念诵部分

四、回向部分

下面对上述四个部分的念诵和观想进行讲授。

一、礼赞和皈依部分

开始是礼敬文，南无本师释迦牟尼佛，七俱胝准提菩萨，准提海会诸佛菩萨，准提海会护法护咒诸圣众，这是前面的礼敬文，我们在念诵礼敬文时，如果在家里有条件的话，可以一称一拜，南无本师释迦牟尼佛，然后拜一次，如果不具备这样的条件，就是合掌三称，同时内心观想你自己在佛前顶礼，依次把礼敬文这样来念诵观想完。

之后，还是合掌念诵皈依文，每次都皈依一次准提佛母。这个皈依很重要，准提法有不共的皈依内容和形式，最根本的皈依是皈依准提佛母。就是我们常念的：

稽首皈依苏悉地
头面顶礼七俱胝
我今称赞大准提
惟愿慈悲垂加护

这是准提法的根本皈依，非常开放的皈依。因为准提菩萨的加持对象可以是没有宗教范围限制的，没有信仰的人或不是佛教徒也可以修准提法。所以，准提法的皈依是没有佛教的范围性。这也是准提法广传的一面。

此时，如果是显宗佛教徒可以自己加上皈依佛、皈依法和皈依僧的三皈依。如果是密宗的佛教徒可以自行加上皈依上师、皈依佛宝、皈依法宝、皈依僧宝的四皈依。

之后，继续合掌念诵憨山大师的准提赞文和龙树菩萨准提赞即可，这是对菩萨的赞颂，也是对修准提法功德的赞颂，无需太多去理解其中所表达的意思，待今后自身修行达到相应的境界，其义自然明了。

接下来，持续合掌念诵准提法的发愿文。这里特别注意，准提法的发愿文，与传统的四弘愿相比，多出一个"无边福智誓愿集"。探究其中缘由，这正是祖师道大师给修持准提法的我们划出的修行重点——修准提法的人，不仅要积累智慧菩提，更强调要积累福报，提倡要福智双修，一定是重视积累福报以及培养福报。正是如此，每次修持回向时，我们都要念诵道大师专门添加的"无边福智誓愿集"，念完后面还有一句"自心所乐世间与出世间善愿尽总发之。"

这里，我们心中要想一下自己修行的愿望，能够念出来最好。你自己有什么愿望，是要很具体地进行发愿，比如："愿我的孩子这次高考取得好成绩，考上报考的大学。"或者说："愿我今天修法的功德，回向给我的妈妈爸爸身体健康、愿自己的孩子身体健康等。"只要是世间的善愿都可以发，不要想自己这样发愿是不是自私，修准提法的一个核心点，是希望基于佛菩萨他们对我们的直接加持，让我们的世间愿望能够快速成就如愿，这样大家就能够真正的快乐地学佛，幸福地学佛。而且，可以通过学佛来改变周围的环境，让我们身边的人也获得加持，健康快乐。当我们学佛给别人带来健康和快乐的时候，他们也会把这种健康快乐变成对佛教的感恩，从感恩变成感化，从感化变成教化，一步步度化他们修持准提法自利利他。所以，只要我们有世间的愿望或者出世间的愿望，皆可"尽总发之"，就是都可以发，不要不好意思。

你的修行目标是什么要非常明确清楚，准提法的修行目标往往要很具体：你要回向什么事，这样修法，才能把你的愿力、佛菩萨的加持力集中在一起。记住，发愿是准提法的修行中很重要的环节。

二、显宗普贤行部分

发完愿之后，开始念诵《普贤行愿品》。首先念诵《普贤行愿品》的长行部分，跟随录音念诵就可以了，不一定要全部了解里面的意思，这样基本上念诵的时候，我们对经典的意义，就会像种子一样种在我们的心里。以后听经文、听讲经，水到渠成自然可以开花结果了。

在《普贤行愿品》长行念完之后，是帝网无尽观的观修。实际上，帝网无尽观就是又修了一遍《普贤行愿品》，只不过这里是用观想的方法来修行，而前面是用念诵的方法。

第一观是礼敬门，我们要观想尽虚空遍法界都是佛菩萨，再进一步想所有的佛菩萨面前都是我们自身在顶礼，要是跟随视频来念诵，视频中的动画中就很容易让我们进入到这个境界。假如没有视频，我就会让大家观想，只要有佛的地方就有个我在给佛顶礼，这样慢慢地我们的观想也就很具体了。

第二观是供养门，如前所示，观想所有的佛前这些供养都有。一开始我也观想不好，每次去超市时看到很多食物和物品，我就在超市里观想，这里所有物品都供养给佛菩萨，这样一点一点，供养时的观想就越来越丰富越多了。

第三观是忏悔门，观想我们在所有佛前忏悔我们无始以来的罪业。

第四观是发愿门，念诵观想时，不仅是一个自己的身体在发愿，无数佛前无数个自身都在发愿。

第五观是持诵门，所有的时间、所有的空间都有自己在持诵真言念佛号。

到这里，显宗的部分念诵完成了。这些内容如果大家没有时间念诵的话，可以不念长行，只念帝网无尽观，就是简单的修法。具体可以参照《观诵集》中，有三个修行版本提供给大家，根据自身的条件来选择修持。无论选择其中哪一版修持，都是功德无量。

三、密宗真言念诵部分

为什么称为：显密双修呢？"显修"就是《普贤行愿品》的念诵，也就是准提法的显修，念诵《普贤行愿品》的同时也观想普贤观的境界。"密修"就是指念诵准提咒，念诵准提咒从某个角度来讲，也包括了显修的功德，如果大家有时间可以通过《心要集》理论学习来了解。

下面就是准提咒的修行，首先是念诵"嗡蓝"21遍。跟随音频念诵的话，就是念诵三口气的时间。道大师安排我们先念嗡蓝，这里"蓝"字咒就是净法界的真言，让我们修行的环境变得清净，让修行的身体变得清净。准提法为什么可以随时随地修，甚至可以在别人认为不干净的地方也能修，而且有效果，主要是因为有"嗡蓝"净法界的功效，借助"蓝"字咒语的观想，使我们世俗人眼睛看到的这个世界，通过咒语的念诵之后，这个世界就会变成一个清净的坛城。

如果是有天眼通的人或者是护法、天界的人，念过蓝字的地方，他们一看就是一个充满了莲花，宛若天界的坛城一样的清净之处。当我们这样念诵之后，天龙护法都愿意到这里护持，因为在他们眼中这里变得清净无垢了。

可能我们念完之后，觉得我家还是我家，超市还是超市，在什么地方还是什么地方。但是，要相信，念诵完"嗡蓝"的地方，天人是会看到这里的清净变化，我们凡人是看不到的。就像我们看不到手机信号在传递信息，却可以直接给亲人拨打电话和视频，是一样的道理。

"嗡蓝"是要念21遍，我们怎么记数？一般就是念三口气，一口气可以念7遍。第一口气前7遍，观想自身清净；再念7遍，观想我们修法的坛城清净；再念7遍，就观想整个世界是清净的。念"嗡蓝"时，我们要全身放松，手可以结定印，也可以放松手放在小腹的部位叠加在一起来念诵。上述是念诵"嗡蓝"的修行要领。

第二个咒是护身咒——"嗡西林"，它是属于护身咒。西林咒实际上会形成一个护身的十字金刚杵，念诵时可以右手握金刚拳，金刚拳在自己的身体画出一个十字金刚杵，顺序是：头部、左肩、右肩、心部、喉部，然后金刚拳从头顶散开，正好是画出一个十字金刚杵。

这个十字金刚杵是用来护持身体的。比如说，我们修行的人路过屠宰场或者不干净的地方，或者是遇到红白喜事、出殡，坟地等不干净的地方，我们都可以结金刚拳，念21遍"嗡西林"，画一个身体的十字金刚杵护持自己，走过这些地方时，就不会受到邪气或不干净的东西干扰了。

念"嗡西林"护身咒之后，就是六字大明咒。

修准提法的我们要知道，准提咒和六字大明咒，它们是相互支持的。当念六字大明咒时，就会有七俱胝准提菩萨在虚空中给我们来加持。而当念诵准提咒时，也会有无数观音菩萨在虚空中来加持我们。

六字大明咒要念108遍，念诵时结莲花手印——我们看到的四臂观音像胸前的两只手所结的就是莲花印。当结莲花印念诵到108遍的一半咒数时，需要变换手印，这时，右手作掐念珠状，好像有一串念珠放在手中；左手作掐莲花状，观想手中正拿着一朵莲花，与四臂观音像中左右肩部的两只手印相同。

准提法初学者还是跟随视频修比较好，在视频中看到一般都是先合掌胸前，合掌之后自然把手放虚了，好似手中捧着一个宝贝一样。念诵中，一般是先跟随慢念，这时观想自己被很多佛菩萨在加持，我们身体的业障、不好的业力都被清除干净了。跟随视频录音中念诵的节奏会逐渐加快，快念时，一般我们就是用欢喜心来念诵，观想我们的身体已经清净了，我们的身体跟菩萨是一样的。

"嗡嘛呢呗美吽"，六字大明咒的念诵心态是由清净变成欢喜，两种心态进行念诵：第一种心态是慢念时的慈悲心态，心里想着观音菩萨救救我吧，用您的光明，用您的慈悲加持我，让我的内心、身心都变得清净。第二种心态是快念时的欢喜心，高高兴兴的，心中作想：哇！我现在在菩萨的加持下，身心的业障都清除了，我的身体也变得透明透亮了，和观音菩萨一样了，甚至我前世现世的父母也在佛光下，罪业消除，身心清净了，这个世界变成了无数个大大小小的观音菩萨化身的世界了，如是观想念诵，当然是高兴地念诵了。

假如你是一名准提法的初学者，建议一定要跟随修学视频观修比较符合，这样做的优势是，无论是念诵的速度音调乃至手印变化，在参考视频的基础上修持，对你的修行是很有帮助的。

六字大明咒修完之后，便是准提咒修持，这里修持的重点：注意要把六字大明咒的手印变换成准提根本手印，方法是，把双手伸到头顶，双手合并结准提根本印后放在胸前。（具体方法参考修学视频）

开始修持准提咒，也是由慢持到唱念，从喊诵最后到金刚诵的一个念诵过程。

刚开始修准提咒，你可能金刚诵各个方面不熟练，有一个修炼的过程，大家不要着急，只要跟着音视频或者自己慢慢念满108遍以上即可。

打根本手印念准提咒时不能间断，念完之后，散开手印的时候要双手举过头顶后，从头顶上散开。

因此，念诵咒语的手印很重要。打手印本身就是一种修行，从修行角度看，手印相当于一个佛身。当打手印时，我们自己是看不到自身的变化，但是一些天人护法看到我们的肉身时，他们只能看到一尊准提菩萨坐在那里修行。有些天人看到的是准提菩萨坐着修行，有时候便会给我们顶礼，听到这里不要害怕，因为他们不是给我们的肉身顶礼，是给他们看到的准提菩萨的身体在顶礼。所以说，七七俱胝准提菩萨。因为每个人修行都会变成一尊准提菩萨。准提菩萨是七七俱胝，为什么那么多准提菩萨，因为比较容易修成，每个人都可以修成准提菩萨，因此说七俱胝准提菩萨。因此，有些在古代修行准提法的人，不太理解为什么天人会给他们顶礼，他们就把手印蒙上，说蒙上手印，天人就看不到了，就不给他们顶礼了。其实天人是在给谁顶礼？天人是在给这个变化身顶礼，因为手印咒语的变化，他们的意生身，他们父母给的肉身就会发生变化。

由此可见，这个手印在修行中也是非常重要的。在古代，手印是不显传而是密传，很秘密的。只有修行到一定阶段才能得到师父的传授。而且准提手印在好多经典记载传承时，都加了一个字变成"左右手"，实际上这有一些印刷上的错误。

学院传授的准提手印是正确的《心要》体系的手印。这一点，我是通过多年查阅比对海内外大量的佛教经典、传承与文献记载验证而得。首先，学院的手印是与房山石经（即刻在石头上的经文）记载的手印相同，是正确无误的《心要》体系的手印。其次，我在美国博物馆找到了应县木塔中《大藏经》中记载的准提手印，也进行验证比对，确认了学院准提手印的正确性。最后，又从俄罗斯找到了从宁夏黑水城被盗走的藏经，经典中发现了《心要集》藏本，也再次进行验证，更加印证了学院手印是非常准确的。

通过上述大量考证，学院的准提手印的传承，从经典上历史上来讲，应该是最为准确的道大师传承的准提手印。但这并不否认其他学说的手印的准确性，其他的手印打法或许有他们自己的传承，可以确定的是，他们不是道大师传承《心要》体系的准提手印。这里，我要明确说明的是，我们准提手印的传承就是道大师的传承——当年从善无畏大师从辽代一直传承到现在，这是比较正确的。

一个不到一分钟就可以学会的手印，我对其准确性的验证，之所以做如此多的工作，全因作为道大师未曾谋面的弟子，对祖师传承的尊重与珍惜，也是我对每一位跟随我修学准提法的有缘的一份责任和爱护。

念完准提咒之后，是《普贤行愿品》的偈子作为回向文。这里的回向文，我们有唱念的形式，主要是按照节奏击掌同时唱念出来。

为什么要击掌？因为通常一开始修行时，盘坐久了，腿上的气脉不通，腿会麻，会很难受，时间一长可能会站立困难，甚至站不起来。当击掌念诵时，全身的血液循环也会好，不管坐多长时间，按这个方法来念《普贤行愿品》回向文时，身体的微循环都会运转起来，无论打坐多长时间，我们想要站起来就站起来，效果特别好。这样击掌念，不仅起到调整身体的作用，同时让我们的回向也充满快乐，既有念诵的功德，也有韵律对我们修行的调整。

对于初学者，如果有时间尽量唱念，没有时间，就可以快速地念完。这本《观诵集》刚开始修时，大约要50分钟到1小时左右修一遍，修到一定阶段后，像我修得快的，使用金刚诵基本上10-15分钟就可以修一遍。

四、回向部分

回向文：嗡 折 隶 主 隶 准 提 （愿……如意）娑 婆(二合) 诃 部 林(二合)

愿以此功德，回向准提法，现前及当来，遍扬十方界，一切众生闻，得无尽利益，善愿皆成就，往生佛净土，究竟成佛道。

其中：嗡折隶主隶准提（愿……如意）娑婆(二合) 诃部林(二合)

这里的：愿……如意，是针对修行者个人的愿望。因为好多人认为佛教修行，只能为众生求，不能为自己求，要为众生求非常无私，把所有的功德都回向给众生。如此思维并非不对，而是我们要针对各自的修行阶段进行分阶有序地回向，作为初学者，要考虑先回向给自己。

比如你有10斤大米，如果你回向给所有众生，可能每个人就吃一碗饭，或者人多的话可能每人只能吃几口饭，因为你的这个功德还不是那么太大。但是你家里还有5个家人需要吃饭，如果你这样一分，家人就有可能饿死了，是吧？末法时代众生福薄。实际上，你先考虑把这个功德回向给自己的家人，要是不管家人，只为了众生，家人看着你是不慈悲的，会对佛教产生很不好的印象，影响佛教的发展。

佛教的传播就像光明照耀众生的黑暗。你有火把应该先给谁温暖？当然是给离火最近的人温暖；谁离你最近？你身边的亲人、你的道友、你的师长，包括你自己，也是另一个众生。你学佛第一个要度化的众生就是你自己。由第一个众生开始，然后涉及到你的亲朋好友。你修法回向给他们，为他们带去快乐和福报，这是准提法最基础的要求和目标。如果他们都发生改变了，因为你的修法获得幸福、获得解脱了，你再去度更多的人，天下的所有人。

我们就是提倡一定要对身边的人，对你的道友，对你的佛友，对你的父母家长、孩子等给予回向，包括你自己。所以，前面我也讲到，回向对修行很重要，尤其是我们的回向文要很具体，回向自己的善愿或者家人的善愿。比如说"嗡折隶主隶准提愿我下个月在北大讲课，一切如意梭哈嗡部林"，其实我也有愿望，因为马上要到北大讲"太虚法师论居士修行"的课程了。

就算你说自己没有愿望，那没有愿望也是个愿望，嗡折隶主隶准提愿我清静无为梭哈嗡部林。

我们要相信准提菩萨护法，只要是善愿，通过我们的念诵会加持得以实现。

最后是一个大的回向："愿以此功德，回向准提法。现前即当来，遍扬十方界"，这是我们对准提法的感恩，愿更多的人听闻到准提法，惠及他们。

"一切众生闻，得无尽利益"，这里的"无尽利益"就是相信期待，准提法是能给别人带来利益的，准提法不怕求。

"善愿皆成就，往生佛净土，究竟成佛道"，这是准提法对临终的关怀。我们首先要自己保证能够往生西方极乐世界。修行主要是解决生死的问题，假如修行人自己的生死问题都还没有解决，求世间法就是虚幻的，你想盖房子，你想身体健康，这都是小事情。人身难得。当你能够保证自己往生极乐世界之后，尽可能让往生极乐世界之前的这段光阴过得更加幸福和快乐，更好地建设人间佛教。你生活的环境，你的愿望，你的身体，在往生极乐世界之前就变得更好。

所以，第一点是保证往生极乐世界；第二点是很好地修准提法，让世间和出世间这种往生之前的愿望都能实现。如此，两者相辅相成，就形成了《观诵集》的一个主题。

《普贤行愿品》最后也是回向往生极乐世界的，念诵《普贤行愿品》回向发愿往生极乐世界，最低可以得到上品下生的品位。在我们往生极乐世界有了保障的同时，也可以追求世间的福报智慧、世间的愿望，相信佛菩萨也能给我们满愿，只要天天修行准提法，相信佛氏门中无事不成。

道大师在《心要集》中讲，最好是早晨修行，如果你想修两遍的话，是早晨和晚上修，如果你想精进修行三遍的话，那就是早上、中午和晚上修，这样来修行效果更好一些。如果修行持续不断，修到几个月时，速度就会加快，基本上修一次《观诵集》也就15分钟左右。

每天早上起来第一件事情，一般可以在不说话之前就漱漱口，然后15分钟到半小时，完整地修一遍就可以了，非常容易的。

特别忙的时候，或者有时环境不好的话，我会打开录好的音频，快速放，有时带上耳机放松听一遍也是一种修，现在听音视频条件特别好，坚持修并不是很难的。

大家现在学习到的《观诵集》，是我总结了道大师一生修行准提法的经验，他给我们最核心的修行内容。我是站在道大师的肩膀上来修行，我也希望你们也站在我的肩膀上来继续修行。

至此，我又通过了自身三十多年的修行，集结整理出来这些内容，希望大家能够很好地传承我们的法本，让准提法真正给大家解决生死问题，超越六道轮回，让你现世过得更幸福，更健康，让你身边的人更幸福，更健康。我们快快乐乐地一起往生极乐世界，好不好？

下面大家一起来共修。

附录八

听七师讲佛教经典系列学习视频

1、《金刚经》五讲

2、《金光明经》五讲（2021年版）

3、《法华经》五讲

4、《显密圆通成佛心要集》十讲

5、《地藏经》五讲

6、《佛说盂兰盆经》上下集

7、《楞严经》十一讲

8、《普贤行愿品》六讲

9、《圆觉经》五讲

10、《无量寿经》两讲

11、《金光明经》五讲（2022年版）

附录九

各专业必读书籍目录

1、《显密圆通成佛心要集直译(高七师)》

2、《准提法初级课程讲义汇编》

3、《准提法判教思想》

4、《遇缘解脱的净土法门》

5、《了凡四训》

6、《准提法问答集》

7、《准提法开示集》

附录十

各专业必学视频目录

事业师、咒师必学视频:
1、《准提法观诵集》
2、《佛陀传》
3、《了凡四训》
4、《了凡先生的一生》
5、《了凡的故事》
6、《准提观音》
7、《转染为净，吉祥如意》
8、《个人修行与业力的关系》
9、《七师:供养一分钱和一万元，哪个功德大?》
10、《平衡做功德与修行的关系》
11、《准提行者的一天》
12、《准提菩萨对众生的承诺》
13、《修准提法六个没关系》

教授师必学视频:
1、《听七师讲经典系列》
2、《佛教基础知识系列》